beck'sche reihe

W0463799

bsr

China entdecken heißt auch: die Chinesen besser verstehen. Dieses Buch spart keines der zunächst paradox anmutenden „chinesischen Phänomene“ aus. Die chinesische Marktwirtschaft in einem nach wie vor kommunistischen Staat, das scheinbar westliche Konsumverhalten und dessen chinesische Spielart, chinesische Kalligraphie und deren internetgerechte Digitalisierung, der Ahnenkult und das Fehlen jeglicher Religiosität nach abendländischem Verständnis, die ausgeprägten Familienbande und die Ein-Kind-Ehe, die den Staat unterwandernden und gleichzeitig tragenden Clanverbindungen, das alles – und noch viel mehr – wird hier angesprochen. Es handelt sich um Phänomene, die das China von heute ausmachen, die aber auch Jahrhunderte chinesischer Geschichte und Kultur widerspiegeln. Denn alles, was in China heute geschieht, ist tief in der vieltausendjährigen Geschichte des Reiches der Mitte verwurzelt.

Dr. Birgit Zinzius ist Geschäftsführerin der Unternehmensberatung *Seminar für interkulturelle Kommunikation und internationales Management* in München. Die Schwerpunkte ihrer Tätigkeit bei der Beratung namhafter deutscher und internationaler Wirtschaftsunternehmen mit Engagement in der VR China/Asien und in den Vereinigten Staaten liegen in den Bereichen interkulturelles Management, Wirtschaft und Politik. Journalistisch arbeitet sie für deutsche, chinesische und amerikanische Zeitschriften und Fernsehsender. Lehr- und Forschungstätigkeit in Deutschland, China und in den Vereinigten Staaten. Publikationen: *Sino Amerika. Stereotyp und Wirklichkeit* (1995); *Der Schlüssel zum chinesischen Markt. Mentalität und Kultur verstehen* (1996).

Birgit Zinzius

China entdecken

Verlag C.H. Beck

Mit einer Karte und 22 Abbildungen im Text

Für meine Eltern, die mich lehrten, die Menschen so zu nehmen, wie sie sind

Die Deutsche Bibliothek – CIP-Einheitsaufnahme

Ein Titeldatensatz für diese Publikation ist bei Der Deutschen Bibliothek erhältlich

Zweite Auflage. 2002

Umschlagentwurf: Groothuis + malsy, Bremen
Umschlagabbildung: großes Foto: Darsteller in der Peking-Oper (Gisela Scheidler, Agentur Visum, Hamburg); kleines Foto: chinesisches Mädchen (Birgit Zinzius)
Gesamtherstellung: Druckerei C. H. Beck , Nördlingen
Gedruckt auf säurefreiem, alterungsbeständigem Papier (hergestellt aus chlorfrei gebleichtem Zellstoff)
Printed in Germany
ISBN 3 406 42096 6

www.beck.de

Inhalt

Vorwort

Nur zehn Flugstunden sind es bis nach China. Die Touristikindustrie macht es möglich, bereits für zwei oder drei Tausender China zu „entdecken“. Zweifellos, China ist uns nähergerückt. Das sagen auch die Wirtschaftsleute, die China als Wachstumsmarkt mit enormen Möglichkeiten betrachten. Das meinen nicht zuletzt die Politiker, die eine Demokratisierung und endgültige Verwestlichung des fernöstlichen, nach wie vor kommunistischen Staates nur noch für eine Frage der Zeit halten.

Ist uns China wirklich nähergerückt? Im Grunde meinen damit doch alle dasselbe, nämlich daß die Chinesen sich uns annähern. Tun sie das? Nach fast 15 Jahren Chinaerfahrung bin ich mir ziemlich sicher, daß sie nicht einmal daran denken.

Die Chinesen sind anders – und sie wollen und werden das auch bleiben. Wie anders, warum anders?

Unsere Chinareise führt manchmal weit zurück. Sie bleibt dennoch stets der Gegenwart verbunden. Das kann auch gar nicht anders sein: Alles, was in China heute geschieht und morgen geschehen wird, ist tief in der vieltausendjährigen Geschichte des Reiches der Mitte verwurzelt. Ja, der Drache ist uralt und doch faszinierend jung geblieben. Nirgendwo auf der Welt ist die sogenannte Vergangenheit gegenwärtiger und lebendiger! Das entdekken heißt: China und die Chinesen besser verstehen.

München/Beijing, Februar 1999 *Birgit Zinzius*

Land der Kontraste

Zhonghua Renmin Gongheguo, Volksrepublik China, mit seinen 1,2 Milliarden Einwohnern das volkreichste und mit einer Fläche von knapp 10 Millionen qkm nach der Russischen Föderation und Kanada das drittgrößte Land der Erde. China ist größer als die Vereinigten Staaten von Amerika, größer auch als ganz Europa.

Ein Land mit kontinentalen Ausmaßen: Sein nördlichster Punkt liegt auf dem 54. Breitengrad, sein südlichster auf dem 18. Breitengrad. 5500 km mißt China von Nord nach Süd, das entspricht dem Abstand zwischen Hamburg und Khartoum, der Hauptstadt des Sudan. Über 5200 km erstreckt es sich von Ost nach West. Die Landesgrenzen haben insgesamt eine Länge von rund 25000 km. 14 Nachbarstaaten säumen die Volksrepublik China. Die Küstenlinie des chinesischen Festlands zieht sich über annähernd 18000 km hin.

Fraglos birgt eine solche Landmasse eine Fülle von landschaftlichen und klimatischen Kontrasten in sich.

Topographisch betrachtet stellt China ein vielgestaltiges Relief dar. Aus dem Blickwinkel eines Erdsatelliten ein gestuftes Land, das vom hochgelegenen Westen zum Tiefland im Osten, zu den Randmeeren des Pazifik hin abflacht. Wie Rippen durchziehen, hauptsächlich in West-Ost-Richtung, Gebirgszüge den Großteil Chinas. Dazwischen liegen Becken und ziehen gewaltige Flüsse hinaus in die Tiefebenen Ostchinas. Deutlich ist aus Satellitenhöhe auch zu sehen, daß der äußerste Norden Chinas wie ein riesiger flacher Teller daliegt, offen nach Zentralasien.

Karg und trostlos ist die Landschaft im „hohen Norden" Chinas, der an die Steppen und Wüsten Zentralasiens angrenzt. Die Winter sind meist sehr kalt, die Sommer oft sehr heiß. Südlich davon schließt sich ein Großraum an, der bereits vor Jahrtausenden zum eigentlichen Stammland der chinesischen Nation und zur Wiege chinesischer Kultur geworden ist: Die nordchinesische Ebene. Sie umfaßt heute die Provinzen Hebei, Shandong und Henan. Hier leben rund 250 Millionen Menschen, befinden sich

bedeutende administrative und industrielle Zentren, hier liegen die eigenständigen Stadtregionen Beijing und Tianjin.

Dem Huang He, dem „Gelben Fluß", und dem Löß, der „gelben Erde", verdankt die nordchinesische Ebene ihre Fruchtbarkeit. In Jahrmillionen wehten die Winterstürme ungeheure Massen feinen Sands aus den Steppen und Wüsten Zentralasiens in die Ebenen Nordchinas. Der Sand lagerte sich ab und wurde zu Löß. Dessen schwammhafte Struktur gibt ihm die Fähigkeit, Wasser aufzusaugen und zu speichern. Lößland ist ertragreiches, Bauernfleiß lohnendes Ackerland – und war so die Grundlage einer bäuerlichen Kultur, aus der sich im Laufe der Zeit eine Hochkultur entwickeln konnte. Natürlich trug auch der Huang He dazu bei: Über Jahrtausende hinweg brachte er bei Überschwemmungen kostbare braungelbe Erdmassen aus dem Nordwesten heran, um sie als Schwemmlöß abzulagern. Der Huang He brachte allerdings nicht nur „Segen", er war und ist nach wie vor der „Kummer Chinas". Die größten Überschwemmungskatastrophen spielten sich hier ab. Das nordchinesische „Lößland" hat nicht nur unter Überschwemmungen zu leiden, es ist zudem eines der größten und gefährlichsten Erosionsgebiete der Erde.

Gewiß einer der Gründe dafür, daß die Chinesen schon in ihrer Frühgeschichte ihr Siedlungsgebiet nach Süden ausdehnten. Die Region des Chang Jiang (Yangtsekiang) bot sich als Besiedlungsraum an, da man hier entschieden weniger von Überschwemmungskatastrophen sowie Erosion bedroht war – und sogar noch fruchtbareres Land und ein milderes Klima vorfand.

Klima

China läßt sich in vier Klimazonen einteilen:
In zwei westliche, kontinental geprägte, und zwei östliche, vom Monsun beeinflußte Zonen.

- Der südwestliche Westen, Tibet und Qinghai, hat ein dauerkaltes Hochlandklima.
- Der nordwestliche Westen, die Wüsten und Steppen Xinjiangs, ist vom kontinental geprägten Wechsel zwischen langen, sehr kalten Wintern und kurzen, heißen Sommern geprägt.
- Nord- und Nordostchina haben großteils ein halbfeuchtes-warmgemäßigtes Klima, das durch den Wintermonsun beeinflußt wird. Jeden Winter strömen kalte, nur wenig feuchte Luftmassen aus Sibirien nach Süden. Der „sibirische Monsun" ist Ursache dafür, daß die Winter für die geographische Breite oft zu kalt und die Niederschläge zu gering ausfallen.
- Südchina hat ein subtropisches Klima, das im Sommer stark vom Sommermonsun beeinflußt wird. Er bringt reichlich Niederschläge, die in der Regel in der Zeit von Mai bis September fallen.

Dem zentralchinesischen Qinling-Massiv kommt die Rolle einer Klimascheide zu. Der sich in West-Ost-Richtung zwischen den Flüssen Huang He und Hong Shui erstreckende Gebirgszug bildet die natürliche Grenze zwischen Nord- und Südchina. Im Winter verhindert er das Vordringen kalter Luftmassen nach Süden, im Sommer schirmt er den Norden gegen die feuchten Luftmassen aus dem Süden ab.

Der Chang Jiang ist mit 5800 km Chinas längster Fluß. Sein Einzugsgebiet umfaßt 1,8 Millionen qkm, also fast ein Fünftel der gesamten Landesfläche Chinas. „Vater der Ströme" nennen ihn die Chinesen, und es wird ihm nachgesagt, daß er neun Provinzen mit rund 400 Millionen Menschen ernährt. Jedenfalls sind die natürlichen Lebensbedingungen an seinem Mittel- und Unterlauf grundverschieden von denen in der großen Tiefebene Nordchinas. Hier herrscht das ganze Jahr über ein gemäßigt warmes Klima. Ein

Abb. 1: Blick über die kegeligen Karstberge, von deren Schönheit sich Maler und Dichter über Jahrtausende inspirieren ließen.

langer Sommer und reichliche Niederschläge ermöglichen zwei, in einigen Landstrichen sogar drei Ernten im Jahr. Reisfelder, Zitruskulturen, Baumwollfelder, Palmen und Kampferbäume bezeugen, daß man sich im subtropischen Bereich befindet. „Land von Fisch und Reis" wird diese fruchtbarste, am dichtesten besiedelte ostchinesische Region genannt.

Westlich des Chang-Jiang-Tieflands, es umfaßt die Provinzen Hunan, Jiangsu, Anhui, Jiangxi und Zhejiang, auch Shanghai gehört zur Region, liegt am Oberlauf des „Vaters der Ströme" das Becken von Sichuan. Bis zu 3000 m hohe Gebirgsketten umschließen die „Reiskammer Chinas". Auf engem, sehr hügeligem Raum leben 90 Millionen Menschen. Fast jeder Fußbreit Boden wird genutzt. Malerische Reisterrassen, die sich oft über Dutzende von Stufen emporziehen, prägen das Bild der Landschaft. Auch hier, tief im Bergland des Südostens Chinas, ist genau wie auf dem angrenzenden Yunnan-Guizhou-Plateau das Klima subtropisch.

In Kontrast dazu stehen die noch weiter westlich liegenden Regionen: Das 4000 bis 5000 m hoch gelegene Qinghai-Tibet-Plateau, das von den gewaltigsten Gebirgszügen der Erde umschlossen ist, sowie Xinjiang, Chinas nordwestlichste Provinz, eine von Hochgebirgsketten gesäumte Steppe, in deren Mitte sich Chinas größte Wüste befindet, die Taklamakan.

Zurück aus den kalten Hochregionen in den subtropischen Südosten Chinas. Südlich des Chang-Jiang-Tieflands beginnt die als „typisch chinesisch" geltende Berglandschaft mit den verspielt anmutenden Gebirgszügen und skurrilen Bergformen. Großteils eine Karstlandschaft ohne zusammenhängendes Ackerland. Gute Böden sind knapp in dieser Region, aber wo es sie gibt, wird dreimal im Jahr geerntet.

Tief im Süden, wo das Land zum Meer hin ausflacht, haben die Menschen eine großartig häßliche „Industrierevierlandschaft" aus dem Boden gestampft: das Guangdong-Industrierevier. Der Kontrast zum Hinterland ist kraß: dort über weite Landstriche unbewohnte, naturbelassene Karst- und Berglandschaft, hier die Skyline moderner Industrie- und Wohnanlagen, das Gewirr von breiten Schnellstraßen, Schienenwegen und Hochspannungsleitungen.

Kontraste, wie sie ausgeprägter nicht sein könnten, bestimmen das Gesicht Chinas. Das betrifft nicht nur Landschaft und Klima. Höchst unterschiedlich verteilt sind Fruchtbarkeit und damit landwirtschaftliche Produktion. China verfügt über alle Mineralstoffe, hat die reichsten Kohlevorkommen und Erdölreserven der Welt, aber deren Gewinnung und Verarbeitung sind sehr unterschiedlich verteilt. Steinzeitlich anmutende Technik steht im Kontrast zu modernsten Methoden industrieller Fertigung.

Enorme Kontraste auch im Hinblick auf die Bevölkerungsdichte. 90 Prozent der Bevölkerung lebt auf einem Drittel der Landesfläche. In Nord- und insbesondere in Westchina liegt die Dichte bei durchschnittlich 10 bis 20 Einwohnern pro Quadratkilometer. In einigen Ballungsräumen drängen sich hingegen bis zu 1000 Einwohner auf einem Quadratkilometer zusammen.

Ein Land der Kontraste, gewiß – aber trifft das auch auf die chinesischen Menschen zu? Wer von Nord nach Süd – oder auch umgekehrt – durch China reist, wird typische Unterschiede feststellen. Viele Nordchinesen sind von Gestalt größer, robuster als ihre Landsleute im Süden. Es ist augenfällig, daß „der Südchinese" kleiner, beweglicher, auch ruheloser, lauter ist.

Bevölkerung

Laut Volkszählung vom Juli 1990, die landesweit durchgeführt wurde, lebten 1,13 Milliarden Menschen in der Volksrepublik China. Für 1997 wurde die Bevölkerungszahl auf weit über 1,2 Milliarden geschätzt. Die Han-Chinesen (Han-Nationalität) stellen die Mehrheit der Bevölkerung. Bei der Volkszählung von 1990 wurden 1,0425 Milliarden Han-Chinesen gezählt. Neben den Han-Chinesen leben 56 nationale Minderheiten mit insgesamt 91,2 Millionen Angehörigen auf dem Territorium der Volksrepublik.

Zu den großen Minderheiten mit über einer Million Menschen zählen:

Zhuang (15,5 Millionen)
Manjuren (9,8 Millionen)
Hui (8,6 Millionen)
Uiguren (7,2 Millionen)
Yi (6,5 Millionen)
Miao (6 Millionen)
Mongolen (4,8 Millionen)
Tibeter (4,6 Millionen)
Buyi (2,5 Millionen)
Koreaner (2 Millionen)
Hakka (1,5 Millionen)
Kasachen (1,1 Millionen)

Abb. 2: Eine Frau der Miao-Minorität in ihrer Tracht.

Nordchinesen, Südchinesen, Kontraste zweifellos. Dennoch überwiegt letztlich das Gemeinsame, das, was auch bei Chinakennern als typisch angesehen wird. Leben also die Bewohner des in vieler Hinsicht kontrastreichen Landes in einer Harmonie, die zumindest grundsätzlich frei von Gegensätzen ist? Angesichts der Tatsache, daß in ganz China in einer Schrift geschrieben wird, daß offensichtlich die meisten Chinesen Regeln derselben besonderen Etikette befolgen, daß „die Chinesen“ anscheinend die selben Verhaltensweisen und Lebensgrundeinstellungen haben, ist man versucht, die Harmoniefrage mit Ja zu beantworten. Ob Harmonie, Übereinkunft oder schlichtweg Gewohnheit: Es gibt das „typisch Chinesische“, das dem runden Fünftel der Weltbevölkerung, den 1,2 Milliarden Volksrepublik-Chinesen (und auch den mehr als 400 Millionen Auslandschinesen) gemeinsamer Konsens ist.

Trotzdem bestehen Gegensätzlichkeiten, die allerdings selten in ethnisch-politische Konflikte ausarten.

China ist ein Vielvölkerstaat, mit einem Staatsvolk, das die Mehrheit der Bevölkerung ausmacht, und 56 Minderheiten, die von der Zentralregierung in Beijing als Ethnien anerkannt wurden. Man schätzt die Gesamtzahl der nichtchinesischen Chinesen auf 90 bis 100 Millionen. Gegenüber den 1,1 Milliarden Menschen zählenden eigentlichen Chinesen, den Han-Chinesen, wirklich eine geringe, noch dazu in viele Gruppen und Grüppchen zersplitterte Minderheit!

Alle ethnischen Gruppen sind mehr oder minder stark in den von den Han-Chinesen geschaffenen Kulturkreis eingegliedert – und in das von Han-Chinesen dominierte politische System integriert. Einige der Minderheiten nutzen die in letzter Zeit entstandenen Freiräume, um sich vor allem kulturell mehr als bisher selbst zu bestimmen und die eigene ethnische Identität in einem „Han-China" zu bewahren sowie stärker zu betonen.

Letztlich trägt das nur dazu bei, den bereits bestehenden Unterschieden in den Sitten und Gebräuchen innerhalb Chinas Kontrasttupfer hinzuzufügen. Auch unter den Han-Chinesen bestehen ja regionale Unterschiede. Sie sind generell durch das Stadt-Land-Gefälle, jedoch mehr noch durch die Unterschiede zwischen Nord und Süd bestimmt. Ein Gefälle, das sich von Provinz zu Provinz und innerhalb einer Provinz von Landstrich zu Landstrich ausdifferenziert.

Eine alte chinesische Weisheit lautet: „Menschen am Fuße eines Berges verheiraten sich nicht mit denen, die auf dem Berg wohnen, denn ihre Gebräuche sind zu unterschiedlich." Es ist wirklich häufig so: Man fährt einen Ort weiter, und schon pflegen die Menschen andere, ihnen eigene Gebräuche und sprechen einen anderen Dialekt. Das Problem sprachlicher Verständigung taucht auf.

Es gibt zwar ein modernes Hochchinesisch, das seit 1949 in der gesamten Volksrepublik an den Schulen unterrichtet wird und das offizielle Amtssprache ist. Ältere Menschen, das sind alle, die über 45 Jahre alt sind, haben das im Westen „Mandarin" genannte Hochchinesisch jedoch zumeist nicht erlernt. Sie sprechen nach wie vor nur ihren Dialekt.

Insgesamt gibt es in China acht verschiedene Dialektgruppen, die wiederum in regionale Untergruppen gegliedert sind. Die

Sprache und Schrift

Putonghua, „allgemeine Sprache“, heißt die heutige Hoch- und Amtssprache Chinas. Sie basiert auf dem nordchinesischen Dialekt und wird seit 1949 an jeder Schule unterrichtet. Die Hochsprache Putonghua, im Ausland „Mandarin“ genannt, ist allerdings nicht die Umgangssprache aller Chinesen. Das Chinesische wird in acht Hauptdialekten gesprochen, von denen ein jeder wiederum in aberhundert lokale Dialekte gespalten ist.

Die acht Hauptdialekte sind:
Nordchinesischer Dialekt
Jiangsu-Zhejiang-Dialekt
Hunan-Dialekt
Jiangxi-Dialekt
Hakka-Dialekt
Nord-Fujian-Dialekt
Süd-Fujian-Dialekt
Guangdong-Dialekt

Die chinesische Schrift ist eine Zeichen- oder Bildschrift mit rund 50000 überlieferten Schriftzeichen, von denen etwa 6000 bis 8000 in Gebrauch sind. Um die Probleme einer dialektabhängigen Aussprache chinesischer Worte zu beheben, wurde eine allgemeingültige phonetische Lautumschrift entwickelt. Gerade in jüngster Zeit erweist sich die Zeichen- oder Bildschrift als außerordentlich flexibel. Neue Wortbildungen (technische Begriffe usw.) lassen sich durch neue Zeichenverbindungen schaffen. Die Schriftzeichen lassen sich zudem problemlos in „Computersprache“ umsetzen, also digitalisieren.

einzige Lösung des Problems sprachlicher Verständigung bietet die chinesische Schrift. Eine Zeichen- oder Bildschrift, bei der jedes Schriftzeichen für ein Wort oder eine Bedeutung steht. Sie ist eine sehr alte Schrift, die noch im 19. Jahrhundert fast 50000 verschiedene Zeichen umfaßte. Moderne Taschenwörterbücher enthalten immerhin noch zirka 8000 Schriftzeichen. Um eine Tageszeitung lesen zu können, genügen bereits 3000 Zeichen – das ist ungefähr die Anzahl, die chinesische Kinder in der Schule erlernen müssen. Schwierig bleibt die Sache dennoch, da jede Dialektgruppe das Geschriebene anders ausspricht. Die allgemeingültige Ausspracheregelung für chinesische Schriftzeichen ist Putonghua.

Schriftsprachliche Gemeinsamkeit im Gegensatz zur lautsprachlichen Unterschiedlichkeit – auch das gehört zu den Kontrasten, an denen China überreich ist. Aber auch dieser Kontrast findet Auflösung durch eine allgemein verbindliche Kultur, durch die in Jahrtausenden entwickelte Kultur der chinesischen Kalligraphie.

Alles, was mit den Menschen Chinas zu tun hat, was ihre Besonderheit, ihr Chinesentum ausmacht, läßt sich nur durch den Blick in den „Rückspiegel“ verstehen.

Wie kein anderes Volk sind die Chinesen durch Geschichte geprägt, in die Kontinuität einer sich über Jahrtausende erstreckenden kulturellen und gesellschaftlichen Entwicklung eingebunden. Das China von heute steht nur scheinbar im Gegensatz zum China von gestern und vorgestern. Volksrepublik, Kaiserreich, Mao, Konfuzius – auf den ersten Blick Kontraste, die schärfer nicht sein könnten. Man darf es jedoch nicht beim ersten Blick belassen.

Reiches Land, armes Land?

Chinas Wirtschaftspolitik läßt sich mit einer Gratwanderung vergleichen, die bis in die 80er Jahre hinein immer wieder von Abstürzen und Richtungsänderungen begleitet war. Es gab Wegstrecken, auf denen mit allen Mitteln die Industrialisierung vorangetrieben wurde. China sollte zum Industriestaat werden. Es stellte sich heraus, daß dieses Ziel nicht „nach Plan“ zu erreichen war. Man entdeckte, daß die verstärkte Förderung der Landwirtschaft vordringlicher war als die Industrialisierung, und gab nun den Produktionsstätten, die unmittel- oder mittelbar der Landwirtschaft dienen, den Vorrang. Es war nicht zuletzt die rasante Bevölkerungszunahme, von rund 600 Millionen 1960 auf 800 Millionen 1980 und auf weit über eine Milliarde Menschen in den 90er Jahren, welche die Sicherstellung der Ernährungsgrundlage zur vordringlichsten Aufgabe der Wirtschaftspolitik machte. Es scheint gelungen zu sein, die damit verbundenen Probleme in den Griff zu bekommen: Einerseits durch Intensivierung der Bodennutzung und Leistungsanreize für die Bauern, andererseits durch eine erfolgreich auf Familienplanung („Ein-Kind-Ehe“) abzielende, sehr rigorose Bevölkerungspolitik. Der Bevölkerungsüberdruck nimmt ab, die Ernteerträge steigen.

Ernährungssicherung für 1,2 Milliarden Menschen ist keine leichte Aufgabe. Die landwirtschaftliche Produktion in China steht angesichts der Größe des Landes auf einer sehr schmalen Basis: Von den zehn Millionen qkm Landesfläche sind höchstens zwei Millionen qkm landwirtschaftlich nutzbar! 80 Prozent der genutzten Fläche konzentrieren sich auf einem Drittel des Staatsgebietes.

Die ausreichende Versorgung aller Landesgebiete ist auch ein Verkehrsproblem. Das Verkehrs- und Transportwesen befindet sich in einem Zustand, der alles in allem unzureichend genannt werden muß. Mehr als 10 Prozent der Landgemeinden sind nicht an das Straßennetz angebunden. Allerdings werden Bau oder Ausbau von Überlandstraßen forciert vorangetrieben. Breite Schnellstraßen verbinden die Großstädte mit ihren Flughäfen. Überhaupt weitet sich der Flugverkehr explosionsartig aus. Fast jede Provinzhauptstadt und nahezu alle wirtschaftlich oder touristisch interessanten Gebiete sind heute auf dem Luftweg erreichbar. Auch das Schienennetz ist dichter geworden. Es wuchs von 40000 Schienenkilometern im Jahre 1970 auf 60000 1995. Woran es nach wie vor mangelt, sind Waggons für den Personen- und Güterverkehr.

Enorme Zuwachsraten verzeichnet das Transportvolumen auf den insgesamt 160000 km langen Binnenwasserstraßen. Dennoch ist die Verkehrs- und Transport-Infrastruktur immer noch ebenso problematisch wie die Energieversorgung.

Die jährliche Energieversorgungslücke liegt derzeit zwischen 20 und 30 Prozent. Und das trotz aller Anstrengungen sowie des Einsatzes moderner Energietechnik.

China verfügt über gewaltige Energievorräte – und leidet dabei unter ständiger Energieknappheit. In China lagert schätzungsweise ein Drittel der Kohlevorräte der Erde – aber die Fördermenge kann nicht einmal den laufenden Bedarf der Energiewirtschaft und Industrie decken.

Man ist dabei, noch mehr und noch leistungsstärkere Wasserkraftwerke zu errichten. Einige Atomkraftwerke sind in Betrieb, weitere geplant. Das nötige Uran hat man im Land, dem es übrigens auch weder an Erdgas noch an Erdöl fehlt. China nimmt bei der Förderung von Rohöl weltweit immerhin den sechsten Rang ein.

Die Volksrepublik besitzt immense Vorräte an Bodenschätzen. Auf deren Basis könnte China zu einer führenden Industrienation ausgebaut werden. Probleme bereiten jedoch die Förderung sowie die unzulängliche Infrastruktur, ganz abgesehen vom Mangel an Know-how und Investitionsmitteln. Noch immer ist China in vielen Wirtschaftsbereichen auf Auslandshilfe angewiesen, um mehr aus seinem Reichtum an Bodenschätzen zu machen. Die Eisenvorräte zum Beispiel, sie werden auf 44 Milliarden Tonnen geschätzt, könnten Basis für eine gigantische Stahlindustrie sein. China verfügt über alle Nichteisen-Metalle, über kaum zu erschöpfende Kohle- und eben erst angezapfte Erdöllagerstätten – Grundlagen einer blühenden Leichtmetall-, Maschinenbau- und Chemie-Industrie.

Das Reich der Mitte

Mitten im Lößbergland, an den Ufern des Wei He, eines Nebenflusses des Huang He, liegt Xian, eine der alten Kaiserstädte Chinas. Hauptanziehungspunkt für jeden Kulturtouristen ist die etwa 30 km östlich gelegene unterirdische Anlage mit Figuren von Kriegern und Pferden. 1000 Terrakotta-Figuren, jede überlebensgroß und in allen Details naturgetreu einst lebenden Soldaten nachgebildet. Insgesamt wird die Zahl der aus Ton gebrannten Figuren auf 7000 Krieger und 600 Pferde geschätzt. Diese Streitmacht bewacht seit rund 2200 Jahren die Grabanlage des ersten Kaisers, des Reichseinigers Qin Shi Huangdi („Erster Erhabener Herrscher“). Der Kaiser hatte diese tönerne Streitmacht bereits zu seiner Lebzeit schaffen lassen, sie sollte nicht seine Grabstätte bewachen, sondern seine Lebenskraft stärken und dem Tod den Zutritt in die Residenz verwehren.

Dieses historische Denkmal markiert ungefähr die zeitliche Mitte der Geschichte Chinas. Bereits zur Zeit des ersten Kaisers, im 2. Jahrhundert v.u.Z., blickten die Chinesen auf über zwei Jahrtausende einer ihnen bewußten, das heißt bekannten eigenen Geschichte zurück. Und schon damals wurde die Geschichte nach Dynastien gegliedert.

Über die erste verbürgte, die Xia-Dynastie (ca. 2100–1600 v.u.Z.), wußte man, daß unter ihren Herrschern die Menschen in einem Goldenen Zeitalter lebten. Viel verdankte man dieser Dynastie, unter anderem die wasserbaulichen Großanlagen und das kollektive Denken, das es möglich machte, gemeinschaftlich mit Überschwemmungen oder Dürren einigermaßen fertig zu werden. Der Xia- folgte die Shang-Dynastie. Strenge Könige regierten zwischen 1600 und 1100 v.u.Z. entlang der Flüsse. Sie formten, gestützt auf eine kriegerische Adelsschicht und bewegliche, mit Streitwagen ausgerüstete Heere, aus dem Kollektiv einen straff geführten Staat. Damals entwickelte sich so manches, was die folgenden Jahrtausende überdauerte: Die Bildzeichen-Schrift, Kunsthandwerk, Geflügelzucht – und der Ahnenkult. Ein Kult, den wahrscheinlich die Herrscherfamilien ausbildeten, der dann vom Adel übernommen wurde und schließlich auch vom einfachen Volk.

Die Shang-Dynastie dehnte ihr Herrschaftsgebiet weit über das Gebiet des Huang He hinaus aus. Nach Westen, in das Lößbergland, und nach Süden, bis zum Chang Jiang, stießen die Heere vor, gefolgt von Adels- und Bauernfamilien.

Um 1100 v.u.Z. drangen Nomaden aus dem nordwestlichen Nachbarstaat Zhou in das Gebiet der Shang ein und verdrängten die Shang-Dynastie. Die Epoche der Zhou-Dynastie begann – und sollte fast ein Jahrtausend überdauern. Die Zhou-Könige waren kriegerische Herrscher. Im Laufe der Jahrhunderte gaben sie ihrem Herrschaftsgebiet eine Ausdehnung, die es angebracht erscheinen läßt, vom Zhou-Reich zu sprechen. Es war ein Reich, das auf der Grundlage eines feudalistischen Lehenssystems verwaltet wurde. Folge dieses Systems waren innere Machtkämpfe und kriegerische Auseinandersetzungen zwischen den Lehnsherren. Der König, die Zentralmacht, verlor dabei immer mehr an Einfluß. Er mußte sich damit abfinden, daß die Lehnsherren ihre Lehen zu erblichen Fürstentümern machten. Die beiden letzten Jahrhunderte der Zhou-Epoche waren bestimmt durch Krieg. Trotzdem wurde und wird diese Periode als das Klassische Zeitalter Chinas bezeichnet. In einer Zeit ständiger kriegerischer Auseinandersetzungen, heftigster Machtkämpfe und des Niedergangs königlicher Macht entfaltete sich ein Geistesleben von einzigartiger Vielfalt. Damals lebten und lehrten Philosophen, die das chinesische Denken bis heute beeinflussen: Konfuzius, Laozi, Zhuangzi.

Dem im Nordwesten des Reiches gelegenen Fürstentum Qin gelang es, alle anderen Fürstentümer zu unterwerfen und unter seiner Herrschaft zu vereinen. Fürst Zhong von Qin gründete das erste Kaiserreich der chinesischen Geschichte und nannte sich Qin Shi Huangdi. Er war tatsächlich ein „großer Herrscher“: Während seiner Regierungszeit (221–206 v.u.Z.) baute er ein zentralistisches Verwaltungssystem auf, entmachtete die Feudalherren, setzte Normen für Zölle, Maße, Gewichte und Schrift durch. Zu seinen Taten gehörte allerdings auch die Verbrennung aller Bücher, mit Ausnahme religiöser, medizinischer und dem Ackerbau behilflicher Werke. Nützlichkeit war für ihn absoluter Maßstab seiner Handlungsweise – und er machte ihn auch maßgebend für das Volk.

Der schwache Nachfolger des Kaisers Qin Shi Huangdi wurde von einem Adeligen namens Liu Peng gestürzt, der sich zum Kaiser ernannte und die Han-Dynastie begründete (206 v.u.Z.–220 u.Z.).

Unter ihrer Herrschaft dehnte sich das Kaiserreich China weit in den Nordosten, Norden und Süden aus. Handelswege, als Seiden- und Gewürzstraße bezeichnet, verbanden China mit dem persischen und dem römischen Reich sowie mit Indien. Der Buddhismus kam nach China, der Konfuzianismus wurde jedoch von einem der Han-Kaiser zur Reichsdoktrin erhoben. Das konfuzianische Denken bestimmte auf allen Gebieten und auf jeder gesellschaftlichen Ebene das chinesische Leben. Streben nach Ordnung und Harmonie wurde in Regeln gefaßt, fand Ausdruck in Riten und Symbolen, stellte „die Mitte der Wahrheit“ dar, die eine chinesische Wahrheit ist. China sah sich nicht nur wegen seiner gewaltigen Ausdehnung, seiner wirtschaftlichen Macht und militärischen Stärke als Zentrum der Welt, eben als das „Reich der Mitte“: Das sichere Gefühl, im Besitz der Wahrheit zu sein, die am höchsten entwickelte Zivilisation zu besitzen, gaben ihm nach Ansicht der Chinesen das Recht dazu. Die Han-Chinesen, das heißt alle, die zum Herrschaftsgebiet der Han-Dynastie gehörten, betrachteten sich, ihr Land, ihre Kultur und Zivilisation als vollkommen. Mit diesem Überlegenheitsbewußtsein machten sie sich die umliegenden Völker und Staaten untertan und sogar das ferne Turkestan tributpflichtig – und schlugen im Norden in einer Reihe von Kriegen die Hunnen.

Trotzdem kam es zu politischen Unruhen im Innern des Reiches. Auf die Han-Periode folgte eine lange Phase der Uneinigkeit und schließlich des Zerfalls. China spaltete sich in die Reiche Wei, Shu und Nu.

Erst um 600 kam es, unter der Sui-Dynastie, zur Wiederherstellung der Reichseinheit. Einen Höhepunkt als Großmacht und Kulturnation erreichte China unter den Kaisern der Tang-Dynastie (618–907). Wohlstand herrschte im ganzen Reich, sowohl im Kerngebiet als auch an der Peripherie. Der Außenhandel über die Seidenstraße und die Seehäfen blühte. Nicht nur Waren aus Indien, Arabien und dem ganzen Vorderen Orient kamen ins Land, auch kulturelle und vor allem religiöse fremdländische Einflüsse wurden wirksam.

China war damals ein weltoffenes Reich und erlebte eine Blütezeit ohnegleichen – und dennoch blieb es von außen bedroht und von innen gefährdet. Dem Untergang der Goldenen Dynastie, der Tang-Dynastie, folgten Jahrzehnte erneuter Zersplitterung, die Zeit der Fünf Dynastien und Zehn Königreiche. Und wieder drangen aus dem Norden Eroberer in Nordchina ein, zunächst das Volk der Kitaner, ihnen folgten die mandschurischen Kin. Sie unterwarfen zu Beginn des 11. Jahrhunderts Nordchina bis zum Chang Jiang. Vom Herrscherhaus der Kin (Chin) leiteten die Europäer den Staatsnamen „China“ ab. Zur Hauptstadt ihres in den Augen der Südchinesen barbarischen Nordchinas machten die Kin Mitte des 12. Jahrhunderts Beijing.

Invasion, Usurpation, erst durch die Kitans, dann durch die Kin, das alles änderte nichts an der Blüte chinesischer Kultur. Die Meisterwerke der Genremalerei, die berühmte grüne Seladon-Keramik, das chinesische Porzellan mit blauer Bemalung und noch mehr entstanden in dieser Zeit. Auch der Konfuzianismus wurde damals neu interpretiert und erfuhr als Neokonfuzianismus eine wahre Renaissance sowohl in Süd- als auch in Nordchina.

Dann aber, zu Anfang des 13. Jahrhunderts, kam es zur großen Bewährungsprobe für China und seine Kultur, zur Konfrontation zwischen „Steppe und Zivilisation“: Die Reiterheere der Mongolen fielen in China ein. Das chinesische Nordreich wurde zwischen 1211 und 1215 von Dschingis Khan erobert. Sein Enkel Kublai Khan unterwarf in den folgenden Jahrzehnten das Südreich.

Kublai Khan ließ sich zum Kaiser von China krönen, wählte Beijing zur Hauptstadt und begründete eine mongolische und doch chinesische Dynastie, die Yuan-Dynastie (1271–1368).

China wurde zu einem Teil des gewaltigen, sich über Ost-, West- und Nordasien bis nach Ostmitteleuropa erstreckenden Mongolenreiches. Von Beijing aus wurde nun tatsächlich ein Weltreich regiert.

Zu einer „Mongolisierung" Chinas kam es jedoch nicht, im Gegenteil, das Mongolentum glich sich dem Chinesentum an.

Nach dem katastrophalen, jähen Zusammenbruch mongolischer „Weltherrschaft" wurde der Sohn eines Landarbeiters zum Begründer einer rein chinesischen, han-chinesischen Dynastie, der Ming-Dynastie (1368–1644). An ihrem Beginn steht die Festigung der kaiserlichen Machtstellung, die dem Kaiser diktatorische Machtbefugnisse und eine geradezu göttliche Alleinstellung gab.

Die Ming-Periode und ihre starken Kaiser sicherten China für Jahrhunderte innere Stabilität und äußere Sicherheit. Die Ming-Kaiser brachten China auch Anschluß an den damals aufblühenden maritimen Welthandel. Chinesische Überseeschiffe erreichten die Küste von Ostafrika und befuhren das Rote Meer sowie die indischen Küstengewässer. Die Ming-Kaiser öffneten der europäischen Handelsschiffahrt chinesische Häfen. Es kam überhaupt zu ersten, bereits recht intensiven Kontakten mit dem Westen. So waren beispielsweise Jesuiten am kaiserlichen Hofe tätig, als Kartographen, Astronomen, Hydrauliker, sogar als Ballistiker und Geschützgießer.

Noch einmal kam es zu einer Invasion aus dem Norden. Diesmal eroberten kriegerische Mandschu-Stämme das chinesische Reich. Die mandschurischen Herrscher der Qing-Dynastie usurpierten den Kaiserthron in Beijing und übernahmen die Herrschaft über das Riesenreich. Über drei Jahrhunderte hin, von 1644 bis 1911, stand China unter der Mandschu-Herrschaft. Sie brachte dem Reich seine größte Machtausdehnung – und nach langer wirtschaftlicher Blütezeit den erst allmählichen, schließlich völligen Niedergang. Er deutete sich schon Ende des 18. Jahrhunderts an und beschleunigte sich im 19. Jahrhundert, nicht zuletzt unter dem wachsenden Druck der Europäer. Sie erzwangen die Öffnung des „Reiches der Mitte". Die Briten unternahmen sogar den skrupellosen Versuch, eine ganze Nation in die Opiumsucht zu treiben. Der Feind kam diesmal nicht aus dem Norden, sondern aus dem Osten vom Meer her. Äußere Einwirkungen und Demütigungen trafen auf innere Probleme.

Das „Reich der Mitte“, diesmal zerfiel es nicht vorübergehend in Teilreiche, es zerbrach, unter äußeren Einwirkungen, von innen her und von Grund auf.

Bedeutete das Ende der Qing-Dynastie, des Kaiserhauses und der traditionellen politisch-gesellschaftlichen Ordnung im Jahre 1911 das endgültige Abreißen einer mehrtausendjährigen geschichtlichen und kulturellen Kontinuität?

Diese Frage ist bis heute nicht endgültig beantwortet.

Der Kaiserpalast

„Alter Palast“ wird der Kaiserplast in Beijing gerne genannt, obwohl er im Hinblick auf die vieltausendjährige chinesische Geschichte ein recht junges Bauwerk ist. Erst ab 1300 war er Sitz der Kaiser und Residenz der kaiserlichen Familien. Die mongolische Yuan-Dynastie begründete die Palastanlage. Größe und Pracht gaben ihr die Kaiser der Ming- und Qing-Dynastien. Seit 1420 und bis ins 18. Jahrhundert hinein wurde auf dem 960 m langen und 750 m breiten, von einem 50 m breiten Wassergraben und einer über 10 m hohen Mauer umschlossenen Areal auf-, aus- und umgebaut. Vier Tore bieten Zugang, das Mittagstor im Süden, das Tor der Göttlichen Militärkunst im Norden sowie das Östliche und das Westliche Blumentor. Der Legende nach zählte der Komplex aus Palästen, Pavillons und Tempeln genau 9999 Räume. Nur der Himmel durfte einen Palast mit 10000 Räumen besitzen.

Der Kaiserpalast bildet eine kleine, streng gegliederte Stadt. Mittelpunkt, „Nabel des Palastes“, sind die Drei Großen Hallen: die Halle der Höchsten Harmonie, die für wichtige Staatsangelegenheiten benutzt wurde, z.B. zur Inthronisation eines neuen Kaisers, für Neujahrsfeiern oder die Bekanntgabe der erfolgreichen Kandidaten in den kaiserlichen Beamtenprüfungen. Dann die Halle der Vollkommenen Harmonie, ein quadratischer Bau, in dem der Kaiser sich auf Zeremonien vorbereitete und einmal jährlich das Saatgut überprüfte. Schließlich die Halle zur Erhaltung der Harmonie, in der Beamte geprüft, Bankette gefeiert und Abordnungen der Vasallenstaaten empfangen wurden. Durch das Tor der Himmlischen Reinheit gelangt man in den kaiserlichen

Abb. 3: Löwenskulptur in der Verbotenen Stadt.

Wohnbereich. Er umfaßt den Palast der Himmlischen Reinheit, die Halle der Einigkeit und den Palast der Irdischen Ruhe.

Die der Mittelachse folgenden Gebäude wurden alle um 1420 zur Zeit der Ming-Dynastie erbaut. Parallel zur Mittelachse reihen sich den zwei Nebenachsen folgend Gebäude jüngeren Datums. Die ganze Anlage wird auch „Verbotene Stadt" genannt, weil sie nicht nur allen „Normalsterblichen" verschlossen war, sondern grundsätzlich auch allen männlichen Wesen. Ausgenommen vom Verbot waren die männlichen Mitglieder der kaiserlichen Familie und die Hof-Eunuchen. Sie bevölkerten den Palast noch im 19. Jahrhundert, bis zum Ende der Kaiserzeit, in großer Anzahl.

Der Kaiserpalast in Beijing ist mehr als eine kunsthistorische Sehenswürdigkeit ersten Ranges. Er gibt gewiß ein noch heute beeindruckendes Zeugnis von der Macht, vom Reichtum und vom Kunstsinn der Kaiser-Dynastien. Vor allem aber gibt er, sowohl seiner Anlage nach als auch in jedem Detail von Architektur und Ausstattung, Zeugnis vom Geist, der das Reich der Mitte über Jahrhunderte hin prägte. Man kann sagen: Im Kaiserpalast manifestiert sich eine Ideologie des Strebens nach Harmonie – die ihren Ausdruck in Symbolhaftigkeit findet.

Die Anordnung der Gebäude, die architektonische, auf das Zentrum der Anlage bezogene Differenzierung und Steigerung von Palast zu Palast, die Tierfiguren, welche Tore und Palasteingänge bewachen, die Farbigkeit der Fassaden und Räume, alles hat symbolhaften Charakter. Immer geht es darum, die Mitte des Kosmos in Beziehung zur Mitte des Reiches, zum Kaiser zu bringen. Nicht weil es schön ist, werden Wände und Lacksäulen in intensivem Purpurrot gehalten: Diese Farbe symbolisiert den Polarstern, der als Mittelpunkt des Kosmos gilt – und deshalb eine dem Kaiser, der Mitte des Reiches vorbehaltene Farbe war. Wie das Purpurrot war das sogenannte „Strahlende Gelb" Privileg des Kaisers und seiner Familie. Beide Farben symbolisierten die Einzigartigkeit des Kaisers und seiner eigentlichen Aufgabe: Er hatte die Harmonie zwischen „Himmel" und „Erde" zu bewahren. Symbolwert haben auch die Tierfiguren und Tiermotive, denen man im Kaiserpalast auf Schritt und Tritt begegnet. Drachen symbolisieren kaiserliche Vollkommenheit, sie stehen für gelungene Einheit von Himmel und Erde, damit für das wahre Glück. Löwen sind Symbole für kaiserliche Macht, Kraniche und Schildkröten für Glück und Beständigkeit, Elefanten sind Symbole für Frieden. So gut wie nichts hat nur Kunst- oder Gebrauchswert, alle Dinge und auch jeder Name wollen etwas vermitteln, eine Botschaft geben.

Eine Gesellschaft im Umbruch

Drei außergewöhnlich fähige Kaiser schenkte die Mandschu-Dynastie im 17. und 18. Jahrhundert China: Xuanye (Kangxi, 1662–1722), Yinzheng (Yongzheng, 1723–1735) und Hongli (Qianlong, 1736–1796). Drei „Himmelssöhne", die dem Land Frieden, Wohlstand und kulturelle Höhe, dem Reich die glanzvollste Epoche seiner Geschichte bescherten. Wofür sie nichts konnten, war der rasante Bevölkerungsanstieg von 100 Millionen 1600 auf 300 Millionen im Jahre 1800, der zu Problemen vor allem bei der Ernährung führen mußte.

Es waren nicht nur die immer wiederkehrenden Naturkatastrophen, die das Land an den Rand von Hungersnöten führten, sondern vor allem die Rückständigkeit der Landwirtschaft. Sie folgte noch den Anbaumethoden des Mittelalters. Überhaupt verharrte China in gesellschaftlicher, wirtschaftlicher und technischer Hinsicht auf mittelalterlichem Stand. Westliche Technik, auch westliche Agrartechnik, fand keinen Eingang in das Reich. Auch der Aufstieg Europas zur maritimen Weltmacht, der europäische Weltimperialismus, die Überlegenheit westlicher Militärtechnik, nichts von dem, was die globalen Entwicklungen in der ersten Hälfte des 19. Jahrhunderts bestimmte, fand in Beijing Beachtung. Man schottete sich ab, weniger aus Furcht, sondern aus Verachtung für das „fremdländische Barbarentum". China wollte jedenfalls den „Barbaren" mit allen Mitteln den Zugang in das Reich verwehren. Schon bald mußte Beijing feststellen, daß China nicht die Kraft dazu besaß.

Als die kaiserliche Regierung versuchte, die Einfuhr von Opium durch britische Kaufleute mit Gewalt zu unterbinden, kam es zur ersten Konfrontation mit überlegener westlicher Kriegstechnik. Einheiten der britischen Flotte griffen in den „Handelskonflikt" ein und zwangen China zum Nachgeben. Das Reich wurde brutal gedemütigt. Es mußte Hongkong an Großbritannien abtreten, die britischen Kriegskosten ersetzen, die Opiumeinfuhr akzeptieren, Häfen dem britischen Handel öffnen.

Die erzwungene Nachgiebigkeit Chinas löste weitere Aggressionen des Westens aus – und führte schließlich soweit, daß China nicht nur ausländische Handelsniederlassungen und Handelsprivilegien zu akzeptieren hatte, sondern auch allen christlichen Bekenntnissen das Recht auf Missionierung und freie Religionsausübung einräumen mußte. Gegen Ende des 19. Jahrhunderts waren schließlich zehn der 18 chinesischen Provinzen ausländischen Einflüssen ausgesetzt oder sogar ausländischer Kontrolle unterworfen.

1899/1900 stürzte ein patriotischer, extrem fremdenfeindlicher Geheimbund, den die Europäer „Boxer" nannten, China in eine neue Katastrophe. Die „Boxer" lösten heftige Auseinandersetzungen zwischen Ausländern und Chinesen aus. Die Qing-Regierung stellte sich auf die Seite der Bevölkerung, erklärte allen westlichen Mächten den Krieg. Folge war, daß eine alliierte Armee aus englischen, amerikanischen, japanischen, russischen, deutschen, französischen, österreich-ungarischen und italienischen Einheiten in China einmarschierte. Im Anschluß an die Einnahme und Plünderung Beijings legten die sogenannten „Boxerprotokolle" das Recht der Großmächte fest, in Beijing und an strategisch wichtigen Punkten Chinas auf Dauer Truppen zu stationieren. Zudem wurde dem Land eine Kriegskosten-Entschädigung abgefordert, die so hoch war, daß sie Chinas Wirtschaft nahezu ruinierte und praktisch unter ausländische Kontrolle brachte.

China war zum Spielball der westlichen Mächte und zum Ziel japanischer Machtpolitik geworden. Was das Reich jedoch unaufhaltsam zum Niedergang, ja Zusammenbruch führte, war der Umbruch in der chinesischen Gesellschaft.

Die herrschenden Schichten erwiesen sich als unfähig, soziale Probleme wie die Verarmung der Bauern und das massenhafte Anwachsen der Zahl land- und besitzloser Menschen wenigstens in Ansätzen zu lösen. Unter dem Einfluß westlicher Ideen entstanden revolutionäre Bewegungen. Im ganzen Land kam es zu Aufständen, die zunächst niedergeschlagen wurden, sich dann aber zur Massenbewegung entwickelten. In Hong Xiunquan (1814–1864) fanden die verschiedenen Gruppen die sie einigende und führende Persönlichkeit. Auf Heerhaufen von Rebellen gestützt, gründete er das egalitäre Himmlische Reich des Großen Frieden, zu dessen „Himmlischem König" er sich selbst proklamierte. Die Taiping-Rebellion begann 1850 und konnte erst 1864 von der Qing-Regierung mit Hilfe britischer und französischer Truppen niedergeschlagen werden. (Die Westmächte ließen sich ihre Hilfe mit noch mehr Privilegien bezahlen.)

Insgesamt besetzten die Rebellen 17 Provinzen mit mehr als 600 Städten. Sie konnten das kaiserliche System weiter schwächen, dennoch nicht den gesellschaftlichen Umbruch herbeiführen. Dazu führte erst die Bewegung des bürgerlichen Revolutionärs Sun Yatsen (Sun Yixian, 1866–1925).

Dieser war ein in westlicher Medizin ausgebildeter Arzt, der aus Liebe zu und Sorge um China zunächst revolutionäre Gruppen gründete. Er wurde mehrmals verhaftet und mußte schließlich ins Exil nach Tokio gehen. Dort versammelte er im Jahre 1905 eine Gruppe um sich, die zur Kernzelle der Bewegung wurde, die schließlich zur Vertreibung der Mandschu-Dynastie und zur Gründung der Republik China führte. Sun Yatsen ging es nicht nur um den Sturz der Dynastie und die Schaffung einer neuen Staatsform, sondern um einen tiefgreifenden gesellschaftlichen

Umbruch. Am Anfang mußte die Beseitigung der kaiserlich-dynastischen Ordnung stehen, die jede wirkliche Reform blokkierte. Der Sturz dieser Ordnung gelang, weil ein Teil der Armee sich im Spätherbst 1911 gegen den Kaiser erhob und diesen zur Abdankung zwang. Am 29. Dezember 1911 wurde die Republik ausgerufen und Sun Yatsen zum provisorischen Präsidenten ernannt. Kaum zwei Monate später mußte Sun Yatsen, um einen Bürgerkrieg zu vermeiden, sein Amt an den mächtigsten Militärbefehlshaber, an den berüchtigten General Yuan Shikai, abgeben. Unruhige, verworrene Zeiten begannen. Yuan Shikai wollte sogar die Monarchie wiederherstellen, sich selbst zum Kaiser ausrufen. Sein plötzlicher Tod 1916 machte das Vorhaben zunichte. Sun Yatsen übernahm nun wieder die Präsidentschaft. 1919 gründete er die Guomindang, die „Nationale Volkspartei". Weder seiner Partei noch ihm gelang es jedoch, das radikale politische Programm zur Modernisierung Chinas durchzusetzen. Bürgerkriege zwischen rivalisierenden Militärmachthabern verhinderten jedes reformerische Handeln. China befand sich im Chaos.

Sun Yatsens Machtbereich war zunächst auf Südchina beschränkt. Hier stellte er, mit sowjetischer Unterstützung, eine nationale Armee auf. An die Spitze dieser Guomindang-Armee berief Sun Yatsen Chiang Kaishek (Jiang Jieshi,1885–1975). Nach dem Tode Sun Yatsens im Jahre 1925 stieg Chiang, der es vom einfachen Berufssoldaten zum General gebracht hatte, zum führenden Politiker Chinas und durch Einheirat in eine der reichsten Familien Chinas zum Mitglied eines großbürgerlichen Clans auf. Chiangs Frau, May-ling Soong Chiang, entstammte dem sowohl in China als auch in den USA einflußreichen Soong-Clan. Sie besuchte in Amerika das Wellesley College in Massachusetts. Ihr Bruder T. V. Soong, ein in Havard ausgebildeter Banker, galt als „reichster Mann der Welt". Er blieb, obwohl amerikanischer Staatsbürger, sein Leben lang dem Soong-Clan in China und auf Taiwan eng verbunden.

Zunächst einmal stellte Chiang mit den nationalen Streitkräften die Einheit Chinas her. Er machte Nanjing zur neuen Hauptstadt und sich zum Präsidenten mit diktatorischen Vollmachten.

Chiang Kaishek sah sich mit einer Bedrohungslage konfrontiert, deren Lösung bis zum Ende der Nationalen Republik im Oktober 1949 die Ziele seiner Politik bestimmte.

Er sah Bedrohung im Inneren: Korruption, unzufriedene Bauern, die anwachsende kommunistische Bewegung. Er sah Bedrohung von außen: Gefahr einer japanischen Aggression, die Situation der verlorenen Gebiete, wirtschaftliche Auszehrung durch ausländische Ausbeutung.

Mit keiner dieser Bedrohungen konnte Chiang Kaishek fertig werden. Alles, was er im Laufe der rund 20 Jahre seiner Präsidentschaft, die tatsächlich eine Diktatur war, unternahm, schlug letztlich fehl. Er konnte der bäuerlichen Massenverarmung nicht Einhalt gebieten. Er machte sich sogar zum Sachwalter der Interessen von ausbeuterischen Großgrundbesitzern. Sein Vorgehen gegen Korruption mußte allein schon deshalb erfolglos bleiben, weil sein Clan selber darin verstrickt war. Das Anwachsen der kommunistischen Bewegung konnte er auch mit wiederholten Vernichtungsaktionen nicht aufhalten.

Die im Juli 1921 in Shanghai gegründete Kommunistische Partei Chinas wurde zur Vorkämpferin und Schrittmacherin des gesellschaftlichen Umbruchs. Sie zählte zu Beginn der 30er Jahre nicht nur Millionen Sympathisanten, vor allem unter den Massen verarmter Bauern, sondern auch über rund 100000 bewaffnete Kämpfer. In der kommunistischen Partei und ihrer 1927 gegründeten Roten Armee, die 1946 in Volksarmee umbenannt wurde, sah Chiang Kaishek den gefährlichsten Widersacher. Der Kampf gegen die Kommunisten war ihm wichtiger als der gegen die japanischen Invasoren. Die hatten 1931 die Mandschurei besetzt und in den folgenden Jahren auch Teile Nordchinas erobert. Nicht gegen sie, sondern gegen die Kommunisten setzte Chiang 1933/34 etwa 800000 Mann der Nationalarmee ein. Die Kommunisten entzogen sich der Militäraktion mit dem legendären Langen Marsch. Zu Fuß legten rund 100000 Rotarmisten – an ihrer Spitze marschierte Mao – in einem Jahr, ständig von den Truppen Chiangs verfolgt, 12000 km zurück, um sich schließlich in Nord-Shaanxi festzusetzen.

Eine geschwächte, schlecht geführte und miserabel ausgerüstete Nationalarmee mußte 1937 der großen japanischen Invasion entgegentreten – erfolglos. Japan eroberte nahezu alle östlichen Provinzen Chinas. Chiang Kaishek zog sich mit seinen Truppen in das Innere Chinas zurück. Sitz seiner Nationalregierung wurde Chongqing. Im Westen Nordchinas konnten sich in diesen Jahren die Kommunisten regenerieren und auf den Entscheidungskampf vorbereiten – nicht gegen Japan, sondern gegen Chiang Kaishek.

Wieder einmal war China in drei „Reiche" zerfallen: das kommunistische im Nordwesten, das nationale in den zentralchinesischen Regionen, das von Japan besetzte und abhängige im Norden, Osten und Südosten. Wieder einmal begannen von einem Tiefpunkt aus Vereinigung und Erneuerung. Nach der Niederlage Japans im Zweiten Weltkrieg tobte zwar noch vier Jahre lang Bürgerkrieg, es wurde jedoch rasch klar, wer ihn gewinnen mußte: Die Kommunistische Partei Chinas und ihre Rote Armee – beide geführt von Mao Zedong (1893–1976).

Ende 1949 floh Chiang Kaishek mit seinen Anhängern nach Taiwan. Am 1. Oktober 1949 wurde in Beijing durch Mao die Volksrepublik China ausgerufen.

Mehr als nur gesellschaftlichen Umbruch durch Reformen wollten die Kommunisten – es ging ihnen um Verwandlung des Menschen, um Schaffung eines „Neuen Menschen". Dieser neue Typus sollte sich kompromißlos der politisch geführten, zum Kollektiv geformten Gesellschaft unterordnen. Was die Mao-Kommunisten wollten, hatte nur wenig mit der marxistischen Lehre zu tun und ging weit über den in der Sowjetunion herrschenden Stalinismus hinaus: Vollständiger Bruch mit allen traditionellen Werten, Abschaffung der Familie und des Konfuzianismus, darum ging es Mao. Um dieses aberwitzige Ziel zu erreichen, machte er die Partei zum zentral geführten Führungs-, Kontroll- und Terrororgan mit Kontrollmechanismen bis ins letzte Dorf.

Die Partei war das Instrument, das ihm dabei helfen mußte, den „lang andauernden Krieg" gegen „chinesischen Feudalismus und Aberglauben" und gegen den „westlichen Imperialismus" zu gewinnen und die große Masse des chinesischen Volkes total umzuerziehen. Das war die Revolution, die er wollte, und für ihn war das keine Theorie, sondern Praxis. Maos revolutionäre Praxis bestand aus einer Kette von Revolutionen, einer pausenlosen Abfolge von immer neuen Reformen, begleitet von ununterbrochener Indoktrinierung.

Letztlich ging es Mao darum, den traditionellen chinesischen Universalismus durch die „universelle Wahrheit des Marxismus-Leninismus maoistischer, das heißt chinesischer Prägung" zu ersetzen. Die Partei und die Volksmassen hatten dabei nicht theoretischen Dogmen zu folgen, sondern pragmatischen Zielvorgaben, die mit pausenlos einander ablösenden Massenkampagnen realisiert wurden. Begleitet waren die Kampagnen fast immer von Säuberungsaktionen, die Millionen Menschen das Leben kosteten.

Eine dieser Massenkampagnen wurde von Mao dazu benutzt, „Feinde der Partei und des Sozialismus" zu liquidieren. Es handelte sich um den 1957/58 inszenierten „Großen Sprung nach vorn". Er war neben Massenverhaftungen und Massenerschießungen mit der Einführung der Volkskommunen verbunden.

Gerade diese Maßnahme stellte sich aber als Fehlschlag heraus, weil sie die chinesische Wirtschaft keineswegs stärkte, sondern enorm schwächte. Es waren nicht nur Naturkatastrophen, sondern auch Fehlplanung, die zwischen 1959 und 1961 zu der größten Hungersnot führten, von der je ein Land heimgesucht worden ist. 30 Millionen Menschen starben an den Folgen von Unterernährung.

Jetzt regte sich in der Partei erstmals Widerspruch gegen Maos Politik. Der zog sich zurück, überließ Liu Shaoqi (1898–1969) und Deng Xiaoping (1904–1997) die Führung. Die revidierten die sozialistische Wirtschaftspolitik, gaben vor allem den Bauern die Freiheit, ihr Land eigenständig zu bewirtschaften und einen Teil ihrer Erzeugnisse auf freien Märkten zu verkaufen. Auch Kleingewerbe wurde nicht nur erlaubt, sondern gefördert. Mao war mit dieser Politik einer leichten Wirtschaftsliberalisierung nicht einverstanden. Er schlug zurück, zunächst ohne Erfolg, dann jedoch in grauenhafter Weise erfolgreich: 1965 rief er zur Großen Proletarischen Kulturrevolution auf. Sie richtete sich gegen alle, die „den kapitalistischen Weg" gingen, und dazu gehörte auch ein großer Teil des Partei- und Verwaltungsapparates sowie nahezu die ganze Intelligenz. Träger, richtiger gesagt, Vollstrecker der „Kulturrevolution" waren neben den Mao-Anhängern in der Partei aufgeputschte Schüler und Studenten, die als Rotgardisten einen grausamen, erbarmungslosen Kampf gegen das Establishment führten. Das schreckliche Wüten dauerte bis 1976. Einige Millionen Menschen fielen ihm zum Opfer. Die wirtschaftlichen und vor allem ideellen Verheerungen sind auch heute noch kaum zu erfassen. Vor allem aber schien nun an die Stelle des sozialistischen Regimes die Herrschaft der Unmenschlichkeit getreten zu sein. Ein Alptraum hatte China heimgesucht. Er fand sein Ende durch Maos Tod im Jahr 1976. Das Volk und fast stärker noch die Partei fühlten sich befreit. Die Partei fand tatsächlich die Kraft, einen neuen Kurs einzuschlagen. Deng Xiaoping wurde rehabilitiert und konnte zusammen mit Hu Yaobang (1915–1989) und Zhao Ziyang (geb. 1919) neue Wege einschlagen und beibehalten.

Das seit 1949 herrschende politische System und der in diesem System vollzogene gesellschaftliche Umbruch wurden nicht revidiert, jedenfalls nicht grundsätzlich, sondern mit Vorsicht und sehr pragmatisch reformiert.

Die Reformen zielen nicht auf politische Demokratisierung, sondern auf wirtschaftliche Liberalisierung. Sie sind offensichtlich auch darauf gerichtet, den Kommunismus stärker zu sinisieren und damit Brücken zu schlagen, zurück zur Kontinuität chinesischer Kultur, zurück vor allem zum familistischen Konfuzianismus.

Es bildet sich keine westlich-demokratische, pluralistische, sondern eine von Clans bestimmte Gesellschaftsstruktur heraus, für die allerdings die Partei und ihre Führungskader Herrschaftsfaktoren zu bleiben scheinen.

Es ist durchaus angebracht, diese Entwicklung in Analogie zur traditionellen, „klassischen" Gesellschaftsordnung zu stellen: Die Herrschaftsschicht überwölbt alle anderen Schichten ...

Sozialistische Marktwirtschaft: Das chinesische Experiment

Es gibt derzeit viel Bewegung in China. Die geringste Rolle spielt dabei die Demokratiebewegung. Eine nicht zu unterschätzende Rolle haben Clans und deren Netzwerke inne. Allerdings – was sich bewegt, bestimmt nach wie vor die noch immer allmächtige Partei. Nur – sie bestimmt seltener, und sie herrscht lautloser als früher. Jedenfalls ist die Kommunistische Partei Chinas heute weltweit die einzige kommunistische Partei, die in einem großen Land die Macht innehat und nicht daran denkt, auch nicht dazu gezwungen werden könnte, sie aus der Hand zu geben.

Nach dem Tod Maos 1976 schien es für einige Jahre, als ob die Partei ihren Kurs der Öffnung mit Machtverlust, ja sogar Zerfall bezahlen müßte. Deng Xiaoping, der Mann, der nach Maos Tod die Reformpolitik einleitete, schlug 1982 plötzlich wieder einen konservativen Kurs ein. Würde der sich durchgesetzt haben, hätte das eine Rückkehr zum dogmatischen Marxismus-Leninismus und das Ende der Wirtschaftsliberalisierung bedeutet. Hu Yaobang und Zhao Ziyang, die beiden anderen Mitglieder der damaligen Führungstroika, blockierten Deng jedoch. Die Reformpolitik wurde fortgesetzt, die Wirtschaft nahm teilweise kapitalistische, wirtschaftsliberalistische Züge an. Privates Unternehmertum wurde nicht nur zugelassen, sondern gefördert. Staatsbetriebe, sie stellen auch heute noch den Großteil aller chinesischen Unternehmen, haben ihre Probleme mit der Einführung westlicher, betriebswirtschaftlicher Managementmethoden. Die Entwicklung zur Marktwirtschaft beschleunigte sich dennoch und verlief erstaunlich erfolgreich. Erstaunlich insbesondere deshalb, weil sie sich in einem sozialistischen Staat unter der Herrschaft einer kommunistischen Partei abspielte. Marktwirtschaft im Sozialismus, Feuer und Wasser, ein großes Experiment wurde gewagt.

Das für die chinesische Führung außerordentlich riskante Experiment einer Koexistenz zweier grundverschiedener Systeme, der „liberalen Marktwirtschaft" und des „kommunistischen Sozialismus", scheint tatsächlich gelungen zu sein.

Wahrscheinlich konnte es nur deshalb gelingen, weil die Parteiführung, das Politbüro, das so wollte und streng darauf achtet, daß die „neue Freiheit" nicht auf das politische Leben übergreifen und das Herrschaftssystem in Frage stellen kann.

Der zeitweilige Zickzack-Kurs, die scheinbaren Zieländerungen erscheinen, mit Abstand betrachtet, als konsequente Einhaltung der neuen Generallinie, die Marktwirtschaft und Sozialismus, liberales Unternehmertum und Parteimacht in einem Verhältnis der Unter-/Überordnung unter ein Dach bringen will. Damit ist eine stark nationalistische Zielsetzung verbunden, sie dürfte sogar das zentrale Ziel sein: Man will China zu einer Wirtschaftsmacht mit Globalrang machen, ohne dabei den Sozialismus aufzugeben. China soll sowohl kommunistischer als kapitalistischer Faktor künftiger Weltpolitik sein!

Es ist Doktrin der chinesischen Führung, daß erfolgreiche Marktwirtschaft weder nach Demokratisierung verlangt noch Sozialismus ausschließt, vorausgesetzt, er ist ein Sozialismus chinesischer Prägung. Man ist sich in Beijing klar darüber, daß die

Partei und Staat

Oberstes Verfassungsorgan der Volksrepublik China, die laut Verfassung von 1982 eine „Sozialistische Volksrepublik" ist, stellt der Nationale Volkskongreß NVK dar. Seine 2921 Mitglieder werden nicht vom Volk, sondern von den Parlamenten der Provinzen, der autonomen Regionen sowie der Volksbefreiungsarmee gewählt. Der NVK tritt einmal im Jahr zusammen. Zwischen den Jahressitzungen leisten die 154 Mitglieder des ständigen Ausschusses die Arbeit der verschiedenen Volkskongreß-Ausschüsse. Sie bereiten u.a. in Zusammenarbeit mit der Regierung Gesetze vor, die dann auf der turnusmäßigen Jahressitzung des NVK beschlossen werden. Der Nationale Volkskongreß hat das Recht, Gesetze zu beschließen, das Staatsoberhaupt und den Ministerpräsidenten zu wählen. Wen er zu wählen und was er zu beschließen hat, bestimmt faktisch die oberste Führung der Partei, der ständige Ausschuß des Politbüros der Kommunistischen Partei Chinas (KPCh). Dessen sieben Mitglieder führen, in Abstimmung mit den übrigen 15 Mitgliedern des Politbüros, die Partei und damit den Staat und seine Streitkräfte.
Die Führungskompetenz des Politbüros, abgeleitet aus der Führungsrolle der KPCh, ist nicht verfassungsrechtlich verankert, dennoch unbestrittene politische Realität. Die Macht im Staat liegt in den Händen der Parteiführung. Es war Mao, der bereits 1949 durchsetzte, daß ausschließlich Mitglieder der Parteispitze Spitzenpositionen des Staates einnehmen, daß weiter jede Führungsposition in der Armee, in Behörden und anderen staatlichen bzw. kommunalen Institutionen von Parteifunktionären besetzt wird. Diese Funktionäre wurden und werden nicht gewählt, weder von der Partei noch gar von der Bevölkerung, sondern von den oberen Parteiorganen ernannt.
Die äußerst enge Verflechtung von Partei und Staat hat sich bis heute nicht gelockert. Im Gegenteil: Das 1997 vom Nationalen Volkskongreß beschlossene „Verteidigungsgesetz" stärkt in erhöhtem Maße die Herrschaft der Partei. Das Gesetz sieht u.a. verschärfte Verfolgung und Bestrafung von Straftatbeständen vor, die als „Gefährdung der Staatssicherheit" definiert wurden. Es gehört zur „sozialistischen Rechtsauffassung", die staatstragende Rolle der KPCh als Grundelement der Staatssicherheit zu betrachten und zu schützen.

Wirtschaftsreform die chinesische Gesellschaft diversifiziert, daß das zu Gruppenbildungen führt, die für die Volksrepublik China neu sind. Man weiß, daß die Gruppen unterschiedliche Interessen haben und diese vertreten wollen. Wie Chinas Führung darauf reagieren wird, ist derzeit noch offen. Wie es aussieht, wird sie die Gruppenproblematik auf eine unpolitische Ebene verlagern, vom eigentlich politischen Raum fernhalten. Die verstärkte Förderung des familistischen Konfuzianismus, der zur Zeit in China eine wahre Renaissance erlebt, spricht dafür. Stärkung der Familie, Wiederbelebung der Clanstrukturen, das scheint auf gesellschaftlicher sowie wirtschaftlicher Ebene mehr und mehr an die Stelle des politisch gesteuerten und kontrollierten Kollektivs zu treten.

Konfuzianisierung statt Demokratisierung, das könnte die künftige innere Entwicklung bestimmen und der Führung politische Reformen ersparen. Familien und Clans absorbieren Gruppen und lösen Gruppenprobleme, ohne den sozialistischen Staat und sein Herrschaftssystem in Frage zu stellen.

„Unter dem Himmel dient alles der Gemeinschaft", war zur Maozeit eine häufig zu lesende Parole. Wer wußte schon, daß dieser Wandspruch keine kommunistische Erfindung war, sondern ein altes konfuzianisches Sprichwort?

Jeder dient der Gemeinschaft – dem auch in der Marktwirtschaft Geltung zu verschaffen, das Individuum der Familie, dem Clan, dem Staat und der Partei unterzuordnen, und zwar genau in dieser Reihenfolge, das kann nur in China gelingen. Natürlich denkt auch jeder Chinese zunächst an sich selbst, aber er denkt dann auch gleich, daß das nicht richtig ist, daß er zunächst an seine Familie zu denken hat, und daß es gut für die Familie und ihn ist, das zu tun, was die Gesellschaft verlangt. Wenn er ein gebildeter Chinese ist, weiß er, daß er mit solchem Denken in der Kontinuität chinesischen Denkens steht, dem Konfuzius, aber auch Sun Yatsen und Mao Zedong Ausdruck gaben.

Die Welt des Konfuzius

Das Land ist gewaltig, seine Natur von bizarrer Gegensätzlichkeit. Die Menschen, die hier leben, mußten immer wieder mit Katastrophen fertig werden, mit Überschwemmungen, Hungersnöten, Invasionen, Besetzung, Plünderung. Zu den äußeren Plagen kamen innere Wirren, blutige Bürgerkriege dazu.

Es war zu keiner Zeit leicht, in China zu leben, dennoch entfaltete sich hier eine der reichsten Kulturen, die je von Menschen geschaffen wurde. Eine aus Not und Notwendigkeit erwachsene Kultur?

So ist es. Die chinesische Kultur ist wie ein Gehäuse, das Schutz bieten soll, schützende Gemeinschaft ermöglicht. Ein Gehäuse, in dem man sich über Not und Gefahr erheben, sie zumindest ertragen und zeitweilig vergessen kann. Immer weiter und prächtiger wurde dieses Gehäuse, die chinesische Kultur, im Laufe der Jahrtausende.

Eine Lebenskultur, die alles einschließt, Denken, Gestalten, Verhalten. Ein Nichtchinese, der dieses Gehäuse, chinesische Kultur genannt, neugierig, jedoch ziemlich unwissend betritt, wird entzückt sein, fasziniert, befremdet, vor allem aber – verwirrt. Was einen Europäer oder Amerikaner am meisten verwirrt: Diese Kultur ist von einer tiefgreifenden Reglementierung beherrscht!

Es wäre kurzsichtig, diese auf die „Diktatur des Proletariats" unter Mao zurückzuführen. Es wäre ein Irrtum anzunehmen, daß die Chinesen unter der Reglementierung leiden, sie als unerträgliche Unfreiheit empfinden.

Das Regelwerk, das Denken und Handeln der Chinesen leitet, ist ihre besondere Kulturleistung. Es entstand spätestens im „Goldenen Zeitalter", also vor mehreren tausend Jahren. Es erwuchs aus der Notwendigkeit, Gemeinschaft zu bilden und zu regeln.

Es als Konfuzianismus zu bezeichnen, ist nicht falsch, greift jedoch zu kurz. Konfuzius, der Begründer und Regelmeister der konfuzianischen Lehre, griff auf, faßte zusammen und predigte, was vor ihm schon lange Gültigkeit hatte, zu seiner Zeit jedoch gefährdet schien, von den Mächtigen mißachtet wurde.

Nichts Neues lehrte Konfuzius, keine neue Religion, sondern eine Art lebenspraktischer Philosophie wurde von ihm gestiftet. Die alten, von ihm für ewig gültig gehaltenen moralischen Grundsätze und Lebensregeln verband er mit seiner Lehre von der Harmonie, die alles und alle verbindet.

Harmonie ist Glück, das Glück der richtigen, weil geordneten Gegenseitigkeit. Vieles muß zusammenwirken, damit solche Harmonie erreicht wird. Ein Zusammenwirken, das Regeln folgen muß, soll es gelingen. Grundregel ist die Anerkennung von Über- und Unterordnung.

Wer in Harmonie mit dem Kosmos leben will, muß anerkennen, daß es nur einen Mittler zwischen dem Himmel, der höchsten, völlig abstrakten Macht, und der Menschheit gibt – den Kaiser.

Wer in Harmonie mit den Menschen leben möchte, muß zuallererst anerkennen, daß der Herrscher dem Untertan, der Vater dem Sohn, der Mann der Frau, der ältere dem jüngeren Bruder übergeordnet ist.

Auf dieser Hierarchie der Beziehungen baute sich das „klassische" chinesische Gesellschaftssystem auf, davon leitete sich die chinesische Ethik ab, die eine Ethik gesellschaftlicher Verpflichtungen ist.

Wobei die kleinste, für den einzelnen und die Gemeinschaft dennoch wichtigste gesellschaftliche Einheit die Familie darstellt. Nicht die Summe aller Individuen, sondern die aller Familien bildet die Staatsfamilie, damit „das Land".

Wer in Harmonie mit der Gesellschaft leben will, muß sich in Harmonie mit seiner Familie befinden.

Eine Gesellschaftslehre, die vor rund 2500 Jahren von Konfuzius in Aufzeichnungen niedergelegt, richtiger gesagt, angedacht wurde. Sie entwickelte sich in den folgenden Jahrhunderten weiter und wurde zur Staatsdoktrin erhoben. Mit dem Sturz des letzten Kaisers ist die Bedeutung des Konfuzius gesunken, jedoch nicht völlig verlorengegangen.

Der Konfuzianismus wurde von den Kommunisten unter Mao als ein Haupthindernis auf dem Wege zu einem „fortschrittlichen weltrevolutionären marxistischen Denken" gesehen und deshalb bekämpft. Doch die Welt des Konfuzius, die uralte, die eigentliche chinesische Denk- und Lebensweise, hat überlebt. Marxistischer Universalismus konnte den chinesischen Universismus des Konfuzius nicht besiegen. Könnte ein chinesischer Neo-Kapitalismus Konfuzius besiegen? Kaum. Alles spricht dafür, daß Konfuzius dabei ist, den chinesischen Sozialismus und den chinesischen Kapitalismus zu formen – und damit beide Systeme vielleicht sogar in konfuzianische Harmonie bringen kann.

Zeitströmungen ...

Chinas Werbebranche – 1982 wurden die ersten Werbeagenturen gegründet, heute gibt es in der Volksrepublik über 300 solche Werbeunternehmen westlichen Zuschnitts – spricht gerne von der „kosmetischen Revolution" und sorgt im Auftrag einer florieren-

Abb. 4: Amerikanische Fastfood-Filialen erfreuen sich großer Beliebtheit.

den Schönheitsindustrie nach Kräften und mit viel Geschick dafür, daß diese Revolution um sich greift.

Ein neues Frauenleitbild wurde kreiert und wird laufend in den Medien, vor allem im Fernsehen sowie auf Plakaten angepriesen: Makellos helle Haut, schwarzes weiches Haar, weitgeöffnete, runde, strahlende Augen hat die moderne Chinesin zu haben ...

Viel Geld wird ausgegeben – und das nicht nur von der jungen Generation – für Hautpflege, Haarpflege, für kosmetische Gesichtsoperationen zum Zwecke verschönernder Augenweitung beziehungsweise „Augenrundung". Europäischer will man aussehen! Dies ist einer der buchstäblich ins Auge fallenden Effekte der Beeinflussung durch Werbung und Medien. Noch breiter wirksam scheint das Dauerbombardement von Plakaten und aus Fernsehkanälen in Sachen Mode sowie bei den Eß- und Trinkgewohnheiten zu sein. Westlich bunt kleidet man sich, die Miniröcke sind so kurz und die modischen Hosen so eng oder so weit wie überall im Westen. Was das Essen anbelangt: Amerikanische Fastfood-Bräuche haben offensichtlich in allen chinesischen Großstädten Fuß gefaßt. Fertiggerichte und Tiefkühlkost halten Einzug in die Küchen. Die Lust auf schnell und einfach bereitete Hühnchen ist groß, nicht nur die amerikanische „Kentucky Fried Chicken Co.

Ltd.“, sondern auch die chinesische Hühnchenkette „Ronghua“ profitieren davon.

Das alles springt ins Auge. Selbst pessimistische Kulturkritiker werden sich jedoch schwer tun, darin Symptome eines Untergangs der chinesischen Kultur zu sehen.

Die oberste „Instanz“ im Lande, die Partei, appellierte allerdings wiederholt an die Bevölkerung, sich nicht zu sehr auf die „neue Ernährungsweise“ einzulassen. Sie versuchte dabei, das „Gesundheits- und Traditionsbewußtsein“ aufzurütteln.

Der „westliche Weg“ des übermäßigen Konsums von fettigen Hühnchen und Pommes frites, von Spareribs und Donuts sei ein Irrweg. Frisches Gemüse, chinesisch zubereitet, gesunde und eiweißreiche Sojaprodukte, überhaupt traditionell Chinesisches sei das Wahre!

Entschieden mehr Sorgen macht man sich allerdings wegen anderer, gravierenderer Begleiterscheinungen des Wandels in Wirtschaft und Gesellschaft.

Ein recht harmloses, wenn auch neuartiges, dem Staat beziehungsweise den Kommunen sogar Steuern einbringendes Phänomen ist die Liebe zu Rassehunden. Immer mehr Großstadtchinesen leisten sich einen Vierbeiner mit Stammbaum und bezahlen dafür gern 6000 Yuan Hundesteuer. Ihre Hundeliebe wird auch nicht durch die Anordnung gestört, daß der öffentlichen Sauberkeit halber beim Gassiführen des Lieblings stets ein Doggy Pack (mit Schäufelchen und Hundetoilettenpapier) mitgenommen werden muß.

Fast alles, was unter der Rubrik „Zeiterscheinungen“ abgehakt wird, spielt sich in den Großstädten ab: Kosmetik, Mode, Fastfood, Discofieber, Hundeliebe – aber auch Drogenhandel und Drogensucht, Prostitution, Jugendkriminalität …

Die zunehmende Kriminalität von Jugendlichen und sogar Kindern ist der Grund dafür, daß China seine erfreulich niedrige Kriminalitätsrate, sie lag noch zu Beginn der 90er Jahre bei 0,6 pro Million Einwohner, nicht mehr halten kann. Das Ansteigen der Kriminalität ist hauptsächlich durch wachsende Jugendkriminalität bedingt. Sie macht mittlerweile rund 70 Prozent aller erfaßten beziehungsweise polizeilich behandelten Delikte aus. 75 Prozent aller Jugendstraftaten sind allerdings Bagatelldelikte, Diebstahl, insbesondere Ladendiebstahl, kleinere Betrügereien.

Die Hauptursachen dafür liegen nach Untersuchungen der 1982 gegründeten „Gesellschaft zum Studium der Jugendkriminalität" in Konsumstreben und Pornographie, in der westlichen Einflüssen zugeschriebenen Verherrlichung von „sex and crime", Talmiglanz und Luxus.

Man hat sich Gegenmaßnahmen ausgedacht, die vor allem auf Pornographie und Gewaltverherrlichung abzielen und sich gegen Pornoverkäufer und Videoverleiher richten. Andererseits wird es jedoch geduldet, daß beispielsweise Sexshops auf der Straße mit pornographisch zu nennender Sexualaufklärung zur sexuellen Stimulierung der Jugendlichen beitragen. Hie und da wird dann hart durchgegriffen, Pornohändler werden reihenweise verhaftet und drakonisch bestraft.

Laxheit der Behörden und dann plötzliches, geradezu brutales Durchgreifen – das bestimmt auch das Verhalten der Obrigkeit gegenüber der Prostitution. Dennoch ist offenbar nicht zu verhindern, daß Prostitution zu einer Wachstumsbranche geworden ist.

Die Mittel gegen Kriminalität, insbesondere gegen Jugendkriminalität, sind, abgesehen vom sporadischen Durchgreifen, dichte soziale Integration sowie gezielte Sensibilisierung für die moralische, letztlich konfuzianische Gesellschaftsordnung.

Ob diese Mittel wirken, läßt sich nicht mit Entschiedenheit feststellen. Es könnte tatsächlich der Fall sein, daß es in Teilen der Großstadtbevölkerung zu einer Art von Aussteigen aus der Kontinuität moralischer Ordnung kommt. Eine Möglichkeit nur, bis jetzt. Ob sie zur Realität werden kann, hängt nicht zuletzt davon ab, ob es gelingt, der sich vor allem in der jungen Generation ausbreitenden Perspektivlosigkeit entgegenzuwirken. Die „Überlegenheit des Systems" ist nicht mehr fester Glaube, an dessen Stelle ist die Überlegenheit des Konfuzianismus getreten. Die Welt des Konfuzianismus ist in das Leben des modernen, sozialistisch-kapitalistischen Chinas zu integrieren.

In Führungskreisen scheint es erkannt worden zu sein, daß sich nur so die „Zeiterscheinungen" auf Dauer bewältigen lassen: Das Korrektiv negativer Zeitphänomene liegt in den traditionellen, durchaus noch immer lebenskräftigen gesellschaftlichen Institutionen.

Vielen offiziellen, halboffiziellen und auch privaten Äußerungen der letzten Jahre läßt sich entnehmen, daß die Partei und damit der Staat das Allheilmittel in der Erziehung in den Danweis, in Familie, Schule, eben in der Gesellschaft als Ganzes sieht – was durchaus als Rückwendung zu konfuzianischen Vorstellungen interpretiert werden kann.

Die Betonung des Wertes von Arbeit und Erziehung, was grundsätzlich, und völlig „konfuzianisch", Lernen bedeutet, bestimmt sogar den Strafvollzug bei straffällig gewordenen Jugendlichen. Er vollzieht sich auf drei Stufen. Auf jeder geht es hauptsächlich darum, den Deliquenten umzuformen, ihn von seiner Krankheit, als solche wird kriminelles Verhalten bewertet, zu heilen und zur Harmonie mit der Gesellschaft zurückzuführen.

Auf der ersten Stufe, es geht um die Bestrafung geringerer und erstmaliger Delikte, kommt der Herkunfts-Danwei des Straftäters, sei es seine Fabrik, sein Dorf oder auch seine Nachbarschaft, eine Bewährungshelferrolle zu.

Auf der zweiten Stufe geht es um „Arbeitserziehung" in einem der „Institute für Arbeit und Lernen".

Die dritte Stufe ist für Straftäter vorgesehen, denen keine Bewährung eingeräumt wird. Sie verbüßen ihre Strafe in Verwahranstalten oder auch in Gefängnissen, wo sie einer laodong jiaoyang, einer strengen „Erziehung durch Arbeit" unterworfen sind.

Gegen Schwer- und Kapitalverbrechen, darunter fällt auch Bandenkriminalität, wird rigoros vorgegangen – zumeist unmittelbar durch Behörden, an den Gerichten vorbei oder über sie hinweg. So kam es zu Beginn der 90er Jahre zu Tausenden von Hinrichtungen, die von westlichen Medien als Menschenrechtsverletzung angeprangert wurden.

Konkret ging es den chinesischen Sicherheitsbehörden dabei darum, den insbesondere in Südchina, von Hongkong aus wieder aktiv gewordenen Triaden und ihrem organisierten Drogenhandel das Wasser abzugraben.

Zunehmende Kriminalität, sich in aller Öffentlichkeit manifestierende Symptome „sittlicher Verwahrlosung", Berufsbettelei, Vagabundiererei, Prostitution sind weltweit in Großstädten festzustellende Phänomene.

Auch in Chinas Millionenstädten wird man heute damit konfrontiert. Allerdings hat der Beobachter gerade hier den Eindruck, daß es sich um Randerscheinungen handelt, die von den Behörden im Griff gehalten und von der Gesellschaft „geschluckt und verdaut" werden können.

Selbst bei kritischster Betrachtung und Analyse ist zu sagen, daß ein Strukturwandel der im Kern konfuzianisch geprägten Gesellschaft nicht festgestellt werden kann.

Es handelt sich großteils um Begleitsymptome eines seit Jahren anhaltenden Umbruchs, der jedoch keinen Bruch der Kontinuität darstellt, sondern diese vielmehr fortsetzt. Zugegeben: Es handelt sich um eine aufregende Fort- und Weiterführung!

Leben in China heute

Es erscheint unfaßbar:

Ein von Kommunisten beherrschtes Land weist nicht nur das rasanteste Wirtschaftswachstum auf, das es weltweit je gab, Jahr für Jahr um die zehn Prozent, es verfügt auch über die größte Valutareserve, rund 160 Milliarden US-Dollar, mehr, als die USA und Deutschland zusammen in Reserve halten.

Nach neuesten Schätzungen der Weltbank müssen zwar noch 350 Millionen Chinesen mit ein bis zwei Dollar am Tag ihr Dasein fristen, also statistisch betrachtet in ärmlichen Verhältnissen leben. Trotzdem wird man sich schwer tun, im China von heute auf krasse Armut zu stoßen. Elend arm zu sein und auf Dauer zu bleiben, ist in China aus mehreren Gründen nahezu ausgeschlossen. Nach westlichen Maßstäben herrscht in einigen Regionen West- und Zentralchinas ein niedriger Lebensstandard, weil dort durchschnittlich weniger verdient wird. Dafür jedoch müssen die Menschen auch „durchschnittlich" entschieden weniger ausgeben, um wohnen und sich ausreichend ernähren und kleiden zu können. Niedrigen Durchschnittseinkommen stehen geringere Lebenshaltungskosten gegenüber. Chinas Arme erleiden nicht das trostlose Schicksal der Armen in den westlichen Hochpreisländern, die gesellschaftliche Ausgrenzung.

Es stellt sich die Frage: Wieviele Menschen leben heute in China in „tiefer Armut". Nach chinesischen Statistiken sind es zwischen 60 und 65 Millionen, also knapp fünf Prozent der Gesamtbevölkerung. Die Zahl der tatsächlich in „tiefer Armut" lebenden Chinesen dürfte weitaus geringer sein. Es gibt nämlich

Abb. 5: Einige versuchen sich als Haarstylist.

nur sehr wenige Arme, die nicht mit der Hilfe ihrer Familie rechnen könnten.

Ohne Zweifel gibt es heute in China ärmere und reichere Regionen. In diesem Gefälle liegt die Ursache für die größte „Völkerwanderung" der Geschichte: 100 bis 150 Millionen Chinesen sind als Wanderarbeiter unterwegs. Sie befinden sich auf dem „langen Marsch" aus den ärmeren, kaum industrialisierten in die reicheren, hochindustrialisierten Regionen an der „goldenen Ostküste".

Sie suchen bessere, das heißt mehr Lohn bietende Arbeit – und finden diese zumeist auch, als Arbeiter auf Baustellen oder in den neuen Fabriken oder als Erbringer von Dienstleistungen, als Anstreicher, Fensterputzer, Gebäudereiniger, Schuhputzer, Betreiber von Imbißständen. Fast alle verdienen soviel, daß sie der Familie Geld überweisen können. Einige schaffen den Aufstieg zum Unternehmer. Ein Beispiel dafür aus Chongqing:

Liao Changquan und seine Frau Wang Yongzhi waren vor zehn Jahren aus einem Bauerndorf am Oberlauf des Huang He nach Süden aufgebrochen und bereits in Chongqing, der zentralchinesischen Boomstadt, hängengeblieben. Sie nahmen jede Arbeit an, sparten eisern und hatten sich zwei Ziele gesetzt, ein sozusagen generelles und ein spezielles. Das generelle hieß: Nach oben kommen! Das spezielle Ziel war ein eigenes Feuertopf-Straßenrestaurant. Nach vier Jahren hatten sie soviel auf die Seite gelegt, um sich drei Woks, zwei Klapptische und ein Dutzend Hocker zu kaufen. Heute besitzt das Paar ein Dutzend Restaurants, zwei Hotels und eine Nachtclub-Tanzgruppe. Liao ist Mitglied der KP und Stadtrat. Als Unternehmer hat er noch viel vor, als Kommunist ist er überzeugt, daß die Partei sich auf dem richtigen Kurs befindet: „Unsere Partei läßt es zu, daß unsere Regierung jedem die goldene Chance gibt, reich zu werden!"

Alle wollen diese Chance nutzen, Millionen nutzen sie – und Parteikader sowie Armee stehen dabei in vorderster Linie. Sich nach Kräften ums Reichwerden bemühen, heißt linientreu zu sein. Ein guter Kommunist ist auch ein erfolgreicher Kapitalist. Der Kapitalismus wird nicht mehr bekämpft, er wird benutzt!

Was in diesem Zusammenhang über die Volksbefreiungsarmee gesprochen wird, klingt unglaublich, aber es ist wahr: Chinas Volksbefreiungsarmee ist nicht nur der Zahl ihrer Soldaten nach die derzeit größte Streitmacht der Welt, sie stellt heute auch eine Wirtschaftsmacht dar. 15000 bis 20000 durchaus als kapitalistisch zu bezeichnende Unternehmen gehören der „Roten Armee". Die meisten davon werden von Managern im Offiziersrang mit beachtlichen Erfolgen geleitet. Wenn man irgendwo in China einen Oberst in einem Mercedes oder BMW fahren sieht, darf man sicher sein, daß er Manager eines Unternehmens der Armee ist. Diese erzielen in diversen Wirtschaftsbereichen insgesamt Jahresumsätze zwischen sieben und zehn Milliarden US-Dollar – und Gewinne von weit über einer Milliarde US-Dollar. Die Überschüsse werden gewinnbringend investiert, in Immobilien, in neue Unternehmen, in Unternehmensübernahmen.

Das China von heute ist ein von Kommunisten regiertes, aber dennoch kapitalistischen Zielen folgendes Land. Kommunistisches Herrschaftssystem, kapitalistische Wirtschaft, profitorientierte Gesellschaft, daß das möglich ist, wird von den Chinesen bewiesen.

Die Chinesen ...

Das sind die rund 400 Millionen in den Städten, die 700 Millionen auf dem Land und die etwa 100 bis 150 Millionen „floating people" genannten Wanderarbeiter.

Menschenmassen. Massenmenschen? Oder eine Milliarde und rund zweihundert Millionen Individuen?

Mao Zedong wollte aus den Chinesen, die waren zu seiner Zeit noch weniger als heute, 800 bis 900 Millionen nur, „neue Menschen" machen. Totale Unterordnung, völliges Aufgehen in den von der Partei geführten und kontrollierten Kollektiven, das war das Ziel. Es wurde nie erreicht. Nichts ist davon geblieben. Oder doch? Ist ein neuer Kollektivismus entstanden?

Ein ganzes Volk scheint nur eins im Sinn zu haben: Geld verdienen, reich werden, Profit machen. Ein riesiges Kollektiv von Klein- und Großkapitalisten, Möchtegernreichen und wirklich Reichen scheinen die Chinesen heute zu sein. Wer noch nicht dazugehört, hat zumindest den Wunsch, dabei zu sein. Man kann sich nur schwer des Eindrucks erwehren, daß ein ganzes Volk sich damit seiner eigentlichen Fähigkeiten und Möglichkeiten wieder bewußt geworden ist.

Im Westen wird von einem „Erwachen Chinas" gesprochen. Richtiger ist es, von einer Wiedergeburt, einer Renaissance der wahren chinesischen Mentalität zu sprechen, deren Wesenszüge Vitalität und Fleiß sind, Leistungsfreude und Anpassungsfähigkeit, Lebensfreude, aber auch Neugier auf Neues, Traditionsverbundenheit und nicht zuletzt Gelassenheit.

Die chinesische Gelassenheit ist uns Westmenschen fremd. Die chinesische Vitalität, die enorme Dynamik, die sehr viele Chinesen jetzt entfalten, hat, betrachtet man sie näher, nicht viel mit der westlichen, von Eile, Hast und Streß geprägten Dynamik gemein. Chinesen packen zu, wenn sie es für vernünftig und deshalb angebracht halten. Sie scheinen direkt zu genießen, was uns streßt. Wenn es sein muß, weil es etwas bringt, übertreffen sie uns an Fleiß und Ausdauer. Wenn sie feiern, und das tun die Chinesen gern, feiern sie ausgiebig und ausgelassener als wir. Sie hielten es für dumm, das nicht zu tun – und das Schlimmste für einen Chinesen ist es, etwas Dummes zu tun, der Dumme zu sein.

Klugheit, Schläue, Weisheit und Witz sind für Chinesen Tugenden. Es gehört zur Klugheit, Geduld zu haben, höflich zu sein, bescheiden aufzutreten. Es gehört zur Schläue, den größtmöglichen Nutzen mit möglichst wenig Aufwand zu erzielen – was die Lustlosigkeit der Angestellten in Behörden oder staatlichen Geschäften erklärt. Zur Schläue, die für Chinesen die Mutter der

Klugheit und eine Tochter der Weisheit ist, gehören auch Mißtrauen und Skepsis im Umgang mit Fremden.

Das Wesentliche chinesischer Weisheit aber ist es, für das Hier und Jetzt und in Harmonie mit den Gegebenheiten zu leben. Mit diesen zurechtzukommen, das Bestmögliche daraus zu machen – der einzige Weg zur Zufriedenheit und damit zum Glück.

Diesseitiger Pragmatismus bestimmt das Leben in China seit Jahrtausenden und heute sogar mehr denn je. Purer Pragmatismus ist es auch, daß der Familie und freundschaftlichen Beziehungen die wichtigste Rolle zukommt.

Ein chinesischer Philosoph schrieb vor über zweitausend Jahren: „Was den Menschen zum Menschen macht, ist nicht, daß er zwei Beine und keine Federn hat, sondern daß er Unterscheidungsvermögen besitzt."

Genau dieses Vermögen haben die Chinesen über alle Maßen ausgebildet. Sie können zwischen dem unterscheiden, was wesentlich ist, und dem, was unwesentlich ist. Wesentlich ist zum Beispiel nicht der Staat oder das Herrschaftssystem, sondern die Gemeinschaft, in der man tatsächlich zu leben hat. Und das ist die Familie.

Sie ist die Zelle jeder Gemeinschaft. Sie bildet den eigentlichen Lebensraum, sie stellt, Vor- und Nachfahren einschließend, das Lebenskontinuum dar. Der Familie hat man sich unterzuordnen, das ist vernünftig. Die Familie hat in Harmonie mit der großen Gemeinschaft zu leben, das sind der Kreis der Freunde, der Staat und seine Organe. Was er bestimmt, wird nicht selten mit „Gegenmaßnahmen" beantwortet. Der Bambus biegt sich, er bricht nicht, sondern schnellt zurück. Gut, wenn der Staat verordnet, daß Geschäftsessen nicht mehr als acht Gerichte, auf chinesisch acht Teller umfassen dürfen, schafft man eben Teller an, auf denen zwei Gerichte serviert werden. Acht Teller, 16 Gerichte – wie üblich.

Es ist notwendig, den Staat, seine Beherrscher, seine Gesetze und Beamten hinzunehmen, es ist ein Gebot der Klugheit, sich nicht gegen sie zu stellen. Das Wichtigste ist der Staat allerdings nicht. Seine Autorität wird zwar anerkannt, jedoch nicht immer und zumindest nicht willig befolgt. Die wahre Autorität liegt bei der Familie.

Die Bedeutung, welche die Familie für den einzelnen Chinesen hat, stand Mao bei seinem Versuch, aus ganz China eine unter der

Diktatur der Partei stehende Volkskommune zu machen, massiv im Wege. Mao war denn auch der erste chinesische Herrscher, der die Familie nicht nur beschränken, sondern verschwinden lassen wollte. Das gelang ihm nur im Ansatz, zeigte aber dennoch Wirkung. Zwei seiner Schritte haben die traditionelle chinesische Familie verändert:

Der eine Schritt waren Einführung der allgemeinen Schulpflicht und Aufbau eines staatlichen Erziehungswesens, mit dem die Kinder der Familienautorität entzogen werden konnten. Der andere Schritt war die gesetzliche Gleichstellung der Frau und Eingriffsmöglichkeiten des Staates bzw. der Partei in das Leben der Frau, von Geburtenregelung bis hin zu Arbeits- oder Dienstverpflichtung.

Moderne Frau, moderne Familie?

Fest steht: Die berufstätige Frau, die zur Haushaltsfinanzierung beiträgt, die dem Mann keine Befehlsgewalt über sich und die Kinder einräumen muß, sie wurde zunächst in den Städten zum „neuen Frauentypus" Chinas.

Einige der traditionellen Kriterien der Familie haben sich damit geändert. Ehefrauen sind nicht mehr dem Familienoberhaupt, dem Mann, unterworfen, sie betrachten sich als Partner. Die Normalfamilie ist zur Ein-Kind-Familie geworden. Die Tätigkeit der Frauen ist nicht mehr zwangsläufig auf die Familie beschränkt, den Frauen stehen praktisch alle Berufe offen.

Die „neue Familie" soll, so verlangt es der Staat, eine Drei-Personen-Familie sein, Vater, Mutter, ein Kind. Wer der staatlichen Familienplanung nicht folgt, muß mit Strafe rechnen. So hat die südchinesische Stadt Shenzhen im November 1996 906 Familien ausgewiesen, weil die Mütter zum zweiten oder gar dritten Male unerlaubt schwanger waren. Ausweisung bedeutete für diese Familien: Aberkennung des Wohn-, Arbeits- oder Gewerbeausübungsrechts in der Stadt.

Die strenge Familienplanungspolitik nimmt der Frau das Recht, so viele Kinder zur Welt zu bringen, wie sie möchte. Damit will der Staat die Bevölkerungsexplosion der beiden letzten Jahrzehnte wieder in den Griff bekommen. Weit über eine Milliarde Menschen sind genug, sagt man sich in Beijing – und tritt mit aller Macht auf die Bremse. Damit kann nicht verhindert werden, daß die Bevölkerung weiter wächst, da die geburtenstarken Jahrgänge der Mao-Zeit jetzt Familien gründen, aber es ist wenigstens gelungen, dem Bevölkerungswachstum etwas von seiner bisherigen Rasanz zu nehmen.

So richtig die Maßnahmen im Hinblick auf die Bevölkerungssituation auch sind, es zeichnen sich daraus resultierende Probleme ab, die nicht unterschätzt werden können.

Chinesische Väter, auch die heutigen, legen großen Wert darauf, einen Sohn zu bekommen. Nur ein Sohn kann die Familiennachfolge sichern. Es wäre nicht nur eine Schande, sondern geradezu eine Familienkatastrophe, keinen Sohn zu haben. Töchter müssen nicht sein, und gar als einziges Kind sind sie eher unerwünscht. Die vom Staat angeordnete Ein-Kind-Ehe führt deshalb dazu, daß immer mehr Paare weibliche Föten abtreiben lassen. Anders läßt es sich nicht erklären, wieso 1964 auf 100 neugeborene Mädchen nur 103 Jungen kamen, daß es 1992 bereits 118 Jungen waren und für 1998 das Verhältnis neugeborene Mädchen/neugeborene Jungen auf 100 zu 122 geschätzt wird. Man befürchtet heute, daß es im nächsten Jahrhundert zu einem deutlichen Männerüberschuß kommen wird. Rund 100 Millionen Männer werden keine Frau finden. An die Stelle der so energisch bekämpften Bevölkerungsexplosion wird ein nicht ungefährlicher Bevölkerungsschwund treten. Für China sind Kinder- und Frauenmangel sozusagen programmiert. Eine Folge solcher Entwicklung könnte vielleicht sein, daß China zur homosexuellen Gesellschaft wird.

Die Ein-Kind-Politik deckt sich auch nicht mit den chinesischen Familienvorstellungen und Familienbedürfnissen. Vor allem Bauernfamilien brauchen mehr Kinder und unbedingt Söhne – für die Feldarbeit und vor allem zur Sicherung der Altersversorgung. Nicht zuletzt stellen nur männliche Nachkommen die Kontinuität der Ahnenverehrung sicher!

Noch schaut es allerdings nicht nach Gesetzeslockerung oder einer generellen Zwei-Kind-Erlaubnis aus. Die etwa 120 Millionen Frauen, die sich derzeit im Alter zwischen 20 und 29 befinden, dem Alter, in dem in China die meisten Frauen ihre Babies bekommen, werden auf jeden Fall noch Leidtragende der staatlichen Familienplanung sein. Leidtragende? Nicht alle jungen Frauen sehen sich als solche, insbesondere in den Städten sind viele Frauen mit der Ein-Kind-Familie durchaus einverstanden. Mehrere Kinder aufziehen, ihre Ausbildung finanzieren, das ist gerade in den Städten teuer geworden. Ein zweites Kind würde zudem bedeuten, aus der Arbeit gedrängt und vom Mitverdienen ausgeschlossen zu werden.

Wie sieht es überhaupt mit der Gleichberechtigung und den Möglichkeiten der Frauen im Arbeitsmarkt aus? Die berufstätige Frau steht in China laut Gesetz gleichberechtigt neben dem Mann. Es ist ausdrücklich verboten, Frauen bei der Einstellung aufgrund ihres Geschlechtes zu diskriminieren. Sie erhalten besonderen Schutz, also verbürgte Sicherheit der späteren Weiterbeschäftigung, während Schwangerschaft und Stillzeit. Allerdings haben die Betriebe, sowohl die staatlichen als die privaten, Möglichkeiten, die Eignung der Frauen betriebsgerecht zu interpretieren. Solche Interpretationen werden immer häufiger dazu benutzt, um Bewerbungen von Frauen abzulehnen oder Entlassungen gesetzesgerecht zu begründen.

Es ist Fakt, daß heute Unternehmen und auch Behörden zurückhaltend bis ablehnend sind, wenn es um Einstellung von Frauen geht und daß Frauenarbeitsplätze zuerst abgebaut werden, wenn „Umstrukturierungen“ vorgenommen werden. Tatsache ist aber auch, daß Frauen in Chinas Wirtschaft heute eine wichtige Rolle spielen, als Arbeiterinnen, Büro- und Verwaltungskräfte, seltener im Management, das nach wie vor eine Domäne der Männer ist. Am stärksten ist die Stellung der Frau in landwirtschaftlichen Wirtschaftszweigen. Frauen erwirtschaften zwischen 50 und 60 Prozent des landwirtschaftlichen Produktionswertes. Sie stellen in den landwirtschaftlichen Industrien 40 Prozent der Arbeitskräfte. Gut ein Drittel, in manchen Regionen sogar die Hälfte der 14 Millionen Selbständigen im Handel auf dem Lande sind Frauen. Die berufstätige Frau auf dem Lande verdient dabei relativ mehr als die in der Stadt, ihr Einkommen liegt im Durchschnitt bei 81,4 Prozent von dem der Männer, in der Stadt bei 77,4 Prozent.

Gleichstellung der Frau, Ein-Kind-Familie, Berufstätigkeit, wie wird von alldem die „Urzelle der chinesischen Gesellschaft“, die Familie, beeinflußt?

Zunächst einmal ist festzustellen: Die traditionelle chinesische Familie lebt! Das Familiensystem funktioniert nicht mehr streng patriarchalisch, die Ehefrau schuldet dem Ehemann nicht mehr ganz selbstverständlich Gehorsam und Respekt. Noch aber ist es so, wie es seit Jahrtausenden war: Die Liebe der Kinder zu den

Eltern, ihr Gehorsam, ihre Dankbarkeit und auch Verantwortung gegenüber den Eltern, kurzum die kindliche Pietät, das alles ist auch in den Ein-Kind-Familien nach wie vor lebendig.

Immer noch gilt, daß Familienmitglieder, dazu gehören auch die blutsverwandten und die angeheirateten Verwandten, einander helfen. Das für die chinesische Familie so typische Zusammengehörigkeitsgefühl besteht weiter, auch wenn die Großfamilie, in der zumeist drei Generationen unter einem Dach leben, selten, ja zur Ausnahme geworden ist.

Noch immer gilt: Gelangt ein Familienmitglied zu Reichtum, so ist es moralisch verpflichtet, die vielleicht ärmeren Mitglieder finanziell zu unterstützen. Steigt ein Mitglied in eine hohe Position auf, ist es gehalten, auch seinen Verwandten einträgliche Posten zu vermitteln. Noch immer unterscheidet man in China zwischen guter, moralisch erlaubter, und schlechter, moralisch verwerflicher Korruption. Die gute nützt der Familie, die schlechte dient der egoistischen Bereicherung eines einzelnen, der Familie damit untreu gewordenen Mitglieds. Und noch immer existieren – und funktionieren – die Sippen, auch Clans genannt, die riesige Familienverbände bilden. Hunderte Familien sind in ihnen vernetzt, Familien, die den gleichen Namen tragen und ihre Herkunft auf einen gemeinsamen Ahnen zurückführen. Der Einfluß dieser Clans ist gerade heute wieder von großer Bedeutung. In Verbindung mit Freundeskreisen beherrschen einige der ganz großen Clans Chinas Wirtschaft. Sie nehmen gewiß auch Einfluß auf die Politik. Sie haben ein Netzwerk aufgebaut, dessen Stränge bis ins Politbüro laufen, ja, so wird von Kennern chinesischer Politik jedenfalls behauptet, sich dort verknoten.

Verknüpfungen über familiäre Beziehungen und freundschaftliche Verbindungen verzahnen „big business“ und „hohe Politik“. Die Vernetzungen zwischen dem Deng-Clan und finanzstarken Großclans in Hong Kong sind nur ein Beispiel – eines, das besonders prägnant beweist, daß chinesischer Kommunismus und chinesischer Kapitalismus auf der Ebene persönlicher Beziehungen „von Clan zu Clan“ in Realharmonie stehen.

Politik, Wirtschaft, das Geschäfts- und Berufsleben, auch der Umgang mit Behörden, praktisch das ganze gesellschaftliche Leben, ja eigentlich alles in China vollzieht sich in kleinen und großen „Netzwerken“, deren Wesen Guanxi sind, die Beziehungen.

„Guanxi“ ist ein einzigartiges soziales System. Beziehungen auf chinesisch sind nichts Geheimnisvolles: Menschen tauschen Gefälligkeiten aus. Ein ständiges Geben und Nehmen, bei dem sich auf längere Sicht Quantität und Qualität der Gefälligkeiten in etwa die Waage halten, aber niemals völlig ausgewogen sein sollten: Für eine weitere Entwicklung, eine Steigerung der Gefälligkeiten muß Spielraum bleiben.

Verwandte tauschen mit Verwandten, Nachbarn mit Nachbarn, Freunde mit Freunden, Vorgesetzte mit Untergebenen Gefälligkeiten aus. Zunächst kommt man nicht sofort zur Sache – und auch später wird man sich Zeit lassen. Guanxi erfordert Zeit und gewisse Investitionen. Einladung zu einem üppigen Essen, Geschenke, Blumengebinde, Luxusgegenstände und andere Gefälligkeiten gehören zur Herstellung und Pflege von Beziehungen. Was beispielsweise im Geschäftsleben für Guanxi aufgewendet wird, stellt aus westlicher Sicht praktisch immer eine Gratwanderung zur Korruption beziehungsweise Bestechung dar. Jedoch ohne Guanxi – und ohne das, was uns als Korruption erscheint – lassen sich in China keine Geschäfte machen, ist auf jeden Fall mit keinen dauerhaften Geschäftsbeziehungen zu rechnen.

Guanxi bietet die Sicherheit, die von rein vertragsrechtlich begründeten Beziehungen nicht erwartet werden kann. Das gilt fürs Wirtschaftsleben und für die privaten Bereiche: Beziehungen auf chinesische Art, also nach den Regeln der Guanxi geknüpfte und gepflegte Beziehungen, sind einfach alles. Ohne Guanxi bleibt man ein Fremder, einer, der nicht dazugehört, mit dem man keine Geschäfte macht – und wenn doch, dann nur, um ihn bedenkenlos bei sich bietender Gelegenheit „über den Tisch zu ziehen“.

Im Grunde entspricht auch dieses System der Beziehungen dem konfuzianischen Bestreben nach Harmonie durch einen vernünftigen und deshalb moralischen Ausgleich. Guanxi ist ausgeglichenes Geben und Nehmen, angemessene Harmonisierung von Diensten und Geschenken durch gleichwertige Gegendienste und Gegengeschenke. Genau dieses Prinzip bestimmt auch das Verhältnis von Leistung und Anspruch, auf dem Danwei und Hukou beruhen.

Beides hat die allmächtige Partei in den 50er Jahren eingeführt. Bis heute lebt noch immer ein großer Teil der chinesischen Bevölkerung unter dem Diktat der Danwei- und Hukou-Regelungen.

Danwei ist die Einheit, der man beruflich angehört. Danwei kann eine Fabrik sein, eine Exportfirma, eine Behörde, eine Hochschule oder Universität. Sie ist nicht nur die „Arbeitswelt", sondern die „soziale Einheit", in der man, unter den wachsamen Augen der Partei, zu leben hat. Niemand darf seine Einheit ohne Genehmigung verlassen, also den Arbeitsplatz und Wohnort wechseln. Eine Zwangsgemeinschaft, die Unterordnung verlangt, dafür jedoch auch einiges bietet: Sie schafft und verteilt Wohnraum, errichtet Krippen, Kindergärten und Schulen, garantiert ärztliche Versorgung, organisiert Freizeitveranstaltungen, schlichtet bei Streitfällen, richtet Hochzeiten und Begräbnisse aus. Danwei bietet mit einem Wort die totale soziale Absicherung.

Danwei setzt übrigens Guanxi keineswegs außer Kraft. Es ist für die Mitglieder einer Einheit oft sehr wichtig, sich durch Beziehungen den Austausch von Gefälligkeiten zu sichern. Für die Einheit selbst ist es enorm nützlich, durch Beziehungen zu zentralen Organisationen beispielsweise zu erhöhten Zuteilungen von Rohstoffen, Halbfabrikaten oder Devisen zu gelangen. Danwei-Guanxi ist der Grund dafür, daß Funktionäre reich geworden sind. Die Gefälligkeit erhöhter Zuteilungen wird mit Geld, Waren und oft recht wertvollen „Bestechungsgeschenken" entgolten. Bestechung? Korruption? Nur in den Augen derer, die Guanxi nicht verstehen.

Viel wird auch dafür bezahlt, um eine gewünschte Hukou, eine amtliche Meldebescheinigung, zu bekommen.

Man braucht eine solche Bescheinigung, um Arbeit, Wohnung, einen Krankenhausplatz, um überhaupt irgendwelche Sozialleistungen zu erhalten. Offiziell darf man nur da arbeiten und leben, wo man per Meldebescheinigung gemeldet ist. Wer ohne entsprechende Meldebescheinigung an einen neuen Wohnort ziehen möchte, dort eine Arbeit annehmen oder eine gewerbliche Tätigkeit aufnehmen will, handelt illegal.

Das Fundament der Danwei, die staatlichen Unternehmen, gerät nun mehr und mehr ins Wanken. Privatunternehmen betrachten sich nicht als soziale Einheit, ihre Mitarbeiter müssen selber für soziale Sicherheit sorgen. Das Aufblühen der Privatwirtschaft, die Schritt für Schritt betriebene Teil- oder Vollprivatisierung von Staatsbetrieben tragen dazu bei, daß sowohl die Danwei- als auch die Hukou-Regelungen an Bedeutung verlieren werden. Das verschafft nicht nur Erleichterung, das macht auch vielen Chinesen Angst. Die Zukunft wird ungewisser, die „drei Eisen" könnten eines Tages keinen Halt mehr geben. Die „drei Eisen" sind die „eiserne Reisschüssel", der unkündbare Arbeitsplatz; der „eiserne Sessel", die unabänderliche Arbeits- und Sozialordnung; und der „eiserne Lohn", der für Faule und Fleißige, Unfähige und Tüchtige gleich hoch ist.

Eine Hoffnung bleibt: Guanxi, das Beziehungsgeflecht von Verwandten, Nachbarn, Freunden. Es könnte zu einer „sanften Landung" auch für diejenigen führen, welche noch nicht zu den Erfolgreichen und Gutverdienenden gehören. Eine berechtigte Hoffnung.

Der Wirtschaftsboom hält an und scheint bruchlos in eine solide fundierte, anhaltende Hochkonjunktur überzugehen. Sowohl politische als auch soziale Krisen scheinen vermeidbar zu sein. Die Regierung geht mit der Privatisierung der Staatsunternehmen sehr behutsam um, alles spricht für eine vernünftig dosierte Reform und eine mit Vernunft regulierte Freisetzung von Arbeitskräften. Man ist dabei, durch eine neue Arbeits- und Sozialgesetzgebung ein soziales Sicherheitsnetz einzuziehen, das die von den Danweis bislang gebotene soziale Absicherung einigermaßen ersetzen könnte.

Die größte Sicherheit liegt jedoch im Guanxi-System. Wer fleißig und geschickt ist, die meisten Chinesen sind es, kann über Beziehungsverhältnisse vorankommen. Das hört sich vielleicht übertrieben positiv an, wenn man in Betracht zieht, daß zwischen 50 und 80 Millionen Arbeiter und Angestellte damit rechnen müssen, demnächst ihre Jobs zu verlieren. Das scheint auch nicht zu dem zu passen, was die Statistik über das Durchschnittseinkommen in den Städten angibt: Das liegt für 85 Prozent der Bevölkerung bei rund 150 DM und nur für 15 Prozent darüber. Die Gutverdienenden sind der Reihenfolge nach Film- und Fernsehstars, Privatunternehmer, Angestellte ausländischer Firmen, Taxifahrer, Prostituierte. Aber Filmstars können nur gut verdienen, wenn sehr viele Leute ins Kino gehen oder sich einen Fernseher leisten können. Unternehmer verdienen nur gut, weil sehr viele Leute in der Lage sind, ihre Produkte zu kaufen. Taxifahrer und Prostituierte verdienen gut, weil viele Leute das Taxifahren bezahlen und sich käuflichen Sex leisten können ...

Abb. 6: „Fahren Sie kultiviert und sicher“ – vielleicht besser mit dem Taxi? Behördliche Anweisungen neben Konsumwerbung sind häufig zu sehen.

Wer sich in China umschaut, insbesondere in den Städten, stellt fest: In Relation zum niedrigen statistischen Durchschnittseinkommen (150 DM) werden – auch von „Durchschnittschinesen“ – wahre Vermögen für Konsumartikel, Elektrogeräte, Möbel, Mode, Kosmetik und Vergnügungen ausgegeben. Verdienen doch viele Chinesen entschieden mehr, als die Statistik ausweist? Was verrät die chinesische Konsum-, Vergnügungs- und Eßlust über das heutige China? Da wird nicht nur gewaltig geschafft, sondern auch enorm konsumiert. Nicht nur in den Boomtowns, auch auf dem Land ist eine Renaissance im Gange – die Wiedergeburt chinesischer Lebenslust und Genußfreude! Die vielzitierten „blauen Ameisen“ der Mao-Zeit, aber auch die ausgemergelten Kulifiguren früherer Zeiten, sie sind verschwunden.

Das Konsumwunder

Shanghai: Gigantische Wolkenkratzer werden im Dutzend hochgezogen. 460 m hoch wird das neue „Weltfinanzzentrum“ sein. Auf 20000 Großbaustellen wird Tag und Nacht gearbeitet.

Abb. 7: Einkaufsstraße Wangfujing in Beijing. Hier treffen sich Chinesen aus dem ganzen Land.

Hunderte von Wohnanlagen, Büro-, Gewerbe- und Einkaufszentren sind gleichzeitig im Bau. Shanghai: Großbaustelle, Shopping-Megatown. Reklame-Supercity. Alle Welt ist vertreten. Coca-Cola und Pepsi säumen ganze Straßenzüge mit meterhohen Neonanzeigen. Grell, noch greller die riesigen Sony- und Sanyo-Leuchttafeln. Knallbunte Reklame bestimmt das Straßenbild in Shanghais Zentrum.

Wer kauft, was da von japanischen, amerikanischen, englischen, deutschen, französischen, italienischen Weltfirmen alles angeboten wird? Die Frage stellt man sich nicht nur in Shanghai, sondern in jeder chinesischen Megatown. Überall das gleiche Bild: Reklame überwuchert Straßen und Plätze, die Läden quellen über, die Restaurants sind voll. Recht viel anders ist es auch in den größeren Provinzstädten nicht: Ein offensichtlich grenzenloses Angebot lockt zum Kaufen. Und die Chinesen folgen in Scharen der Verlockung. In den Einkaufszentren, Kaufhäusern, auch in den Einzelhandelsgeschäften drängen sich Kauflustige und Käufer – obwohl die meisten Einkaufsstätten an den sieben Tagen der Woche bis 20 Uhr geöffnet haben.

Ein Land, das vor 15 Jahren noch zu den Entwicklungs- und vor 10 Jahren zu den Schwellenländern gezählt wurde, entfaltet Kaufkräfte und entwickelt einen Konsumboom, der wahrscheinlich weltweit noch niemals seinesgleichen hatte. Dafür spricht nicht allein der Augenschein, dafür sprechen auch konkrete Zahlen:

Der Gesamtumsatz des Handels, der Waren an Konsumenten verkauft, lag 1997 um fast 600 Prozent über dem von 1985.

Die Pro-Kopf-Ausgaben für den Kauf von Konsumartikeln aller Art lagen 1997 um 160 Prozent über denen von 1985. In Städten war der Anstieg größer als auf dem Land, in Beijing belief er sich auf 180 Prozent, in Guangzhou sogar auf über 200 Prozent.

Die Einfuhr von sogenannten High-end-Konsumgütern aus westlichen Ländern stieg von 1985 bis 1997 um über 1600 Prozent. Das erklärt, daß man in den Riesenstädten, in Beijing, Shanghai, Guangzhou, Chongqing, Nanjing, Wuhan, Tianjin und Shenjang, jede zählt mehrere Millionen Einwohner, S-Klasse Mercedes, 7er BMWs, Cadillacs und Rolls Royces auf den Straßen sieht, daß man in Modeboutiquen Kreationen von Gucci, Cartier oder Chanel, in Telekommunikations- und Audiofachgeschäften Anlagen von Bang & Olufsen kaufen kann und daß in Kosmetikgeschäften nicht selten bis zu 500 ausländische Produkte angeboten werden.

Bei allen Luxus- und Prestigeartikeln ist der Anteil ausländischer Nobelmarken nach wie vor sehr groß. Bei Artikeln des breiteren Bedarfs, insbesondere bei Elektrogeräten, ist der Importanteil stark rückläufig. So wurden bereits 1996 nur noch 27 Prozent aller verkauften Kühlschränke und 47 Prozent aller Fernsehgeräte aus dem Ausland eingeführt. Der Trend geht eindeutig zu „Made in China“! Auch die große Zahl chinesischer Produktmarken spricht dafür. Eine neue Phase des Prozesses, der als „chinesisches Konsumwunder“ bezeichnet werden kann.

Konsumwunder in der Tat: Chinas Verbraucher, jedenfalls die in den Städten, haben innerhalb eines Jahrzehnts den Anschluß an den Konsumstandard der hochindustrialisierten westlichen Länder geschafft. Bereits 1996 hatten 90 Prozent aller Haushaltungen Farbfernseher, 90 Prozent Kühlschränke, 85 Prozent Waschautomaten.

Abb. 8: Klassische chinesische „Fahrrad-LKWs" und der benchi (der Rasende, der Galoppierende), wie die Chinesen den Mercedes nennen, bestimmen den Verkehr.

Da stellt sich natürlich die Frage: Wie ist das möglich, wenn doch das Durchschnittseinkommen der allermeisten Stadtchinesen laut Statistik nur 150 DM beträgt? Immerhin kostet ein Farbfernseher rund 1 000 DM, ein Waschautomat zwischen 300 und 350 DM, ein Kühlschrank zwischen 400 und 800 DM.

Gewiß, viele Artikel sind relativ billig zu erwerben. Anzüge gibt es schon für 30 DM, Schuhe für 14 DM, Polstergarnituren ab 400 DM, „Omo"-Waschpulver für 2,50 DM, das teuerste Fahrrad kostet 270 DM, das billigste 65 DM ... Aber man braucht ja auch Nahrungsmittel und anderes. Man kann rechnen, wie man will, mit 150 DM kann niemand auskommen, es sei denn, er verzichtet auf Fernseher etc.!

Es kann nicht anders sein: Die offizielle Einkommensstatistik entspricht offenbar nicht der Einkommensrealität.

Das Geheimnis der erstaunlichen Kaufkraft: Viele Chinesen arbeiten in einem zweiten oder sogar dritten Job. Was sie damit verdienen, erhalten sie in der Regel bar auf die Hand. Dieser Zusatzverdienst, zumeist liegt er beträchtlich über dem eigentlichen Verdienst, läßt sich weder statistisch erfassen, noch wird er steuerlich erfaßt.

Nicht wenige Chinesen nutzen nach wie vor die sozialen Vorteile, die das Arbeiten und Leben in einer Danwei, einer „Einheit" bietet. Billiges Wohnen, kostenlose ärztliche Versorgung und andere Vergünstigungen erhöhen den Konsumetat.

Vor allem jüngere Ehepaare mit Kind können bei größeren Anschaffungen, insbesondere bei Anschaffungen für das Kind, mit finanzieller Unterstützung der „Alten" rechnen.

Vieles kommt zusammen, und so ist es möglich, daß auch die Durchschnittsverdiener am Konsumwunder teilnehmen können. Immer mehr leisten sich sogar den Umzug in eine modernere, größere, auf jeden Fall komfortablere Wohnung oder das eigene Heim.

Wer es geschafft hat, sich mit Erfolg selbständig zu machen oder eine gehobene Position als Angestellter zu erreichen, ist natürlich aller Probleme des Auskommens mit dem Einkommen enthoben. Zu dieser Konsumenten-Kategorie sind derzeit zwischen 40 und 50 Millionen Chinesen zu zählen. Sie haben zumindest den Duft des großen Geldes an sich. In der Mehrzahl sind sie in den großen Städten zu finden. Überhaupt ist das Einkommensgefälle zwischen Stadt und Land immer noch groß. Das wird sich nur allmählich ändern.

Eine Untersuchung der chinesischen Zentralbank aus dem Jahre 1995 ging davon aus, daß von den rund 900 Millionen Chinesen in den ländlichen Gebieten fast 300 Millionen unterbeschäftigt sind und Einkommen beziehen, die weit unter dem städtischen Durchschnittseinkommen von 150 DM liegen.

Das Konsumwunder hat es also schwer, allmählich in die Dörfer vorzudringen. Dennoch ist insgesamt im rasant angestiegenen und weiter ansteigenden Konsum die Haupttriebkraft des immensen Wirtschaftswachstums zu sehen. Der Konsum hat den Boom angeheizt und ist der Dauerbrennstoff für ein fortgesetzt anhaltendes Wachstum. Der chinesische Markt ist ja erst zum Teil erschlossen, seiner weiteren Entwicklung sind keine absehbaren Grenzen gesetzt.

Die Nachfrage steigt. Ihr steht ein riesengroßes Angebot gegenüber, allerdings noch nicht überall in China. In den ländlichen Gegenden sind die Verkehrsverbindungen teilweise immer noch mangelhaft – und beispielsweise Tiefkühlketten nach wie vor unbekannt. Das Konsumwunder scheitert häufig am Transport- und

Lagerwesen. Aber Verbesserungen sind in die Wege geleitet und kommen mehr oder weniger schnell voran.

Ein spezieller Wachstumsmarkt sind Wohnungsbau und Wohnungsausstattung. Vor allem die zunehmende Mobilität infolge der Lockerung von strenger Arbeitsplatz- und Wohnortbindung läßt den Bedarf an Wohnungen gewaltig ansteigen.

Das hat dazu geführt, daß Bau-, Möbel-, Haustechnik-, Hausgeräte- sowie die Heimtextilien-Industrie zu Chinas eigentlichen Boomindustrien geworden sind – und das noch über viele Jahre hin bleiben werden. Hier verläuft ein Mainstream des Wirtschaftswachstums. Nicht zuletzt wird die Nachfrage nach Produkten und vor allem gewerblichen Dienstleistungen „rund um das Wohnen" auch deshalb stark anwachsen, weil viele Wohnungen und Wohnhäuser hochgradig sanierungsbedürftig sind.

Besser, wenn möglich auch schöner Wohnen, danach streben die Menschen überall. Für die Chinesen hat dieses Bestreben eine besonders große Bedeutung: Eine Wohnung haben ist einer der Maßstäbe des Sozialstatus. Was man hat oder erwirbt, wird nicht so sehr am Gebrauchswert gemessen, sondern vielmehr am Statuswert.

Es geht um das Ansehen nach außen, um Anerkennung und Respektierung durch andere. In Bewahrung oder Erhöhung des Ansehens liegt der Nutzen allen Tuns und nahezu allen Kaufens. Man kauft zum Beispiel Geschenke, um beim Beschenkten Ansehen zu gewinnen und zugleich zu seinem Ansehen beizutragen.

Unter allen Umständen muß das Gesicht gewahrt werden, das der Familie, aber auch das der Gruppe, der man zugehört. Gruppe, das sind die Arbeitskollegen, Vorgesetzten und Untergebenen. Das sind die Nachbarn und insbesondere der Kreis der Freunde.

Es gehört zur Wahrung des Gesichts, daß man innerhalb der Familie und Gruppe zu jedermann höflich und respektvoll ist. Zu Höflichkeit und Respekt gehört es, daß man anständig, das heißt familien- und gruppengerecht wohnt und gekleidet ist, nicht aus der Rolle fällt, auch nicht im Konsumverhalten. Das bedeutet nicht, sich zu bescheiden, sozusagen nach unten anzupassen. Es gereicht durchaus zur Ehre der Familie und der Gruppe, reich zu werden und seinen Reichtum dann zu zeigen. Vor allem aber ist es ehrenhaft, gebildet zu sein – und alles für die Schulbildung der Kinder zu tun.

Diese auf Familie zentrierte und auf Gruppe bezogene chinesische Lebenseinstellung wurzelt in traditionellen sozialen und kulturellen Werten und prägt das Konsumverhalten der Chinesen. Auch wenn es auf den ersten Blick nicht so ausschaut: Alles dreht sich um die Familie, genauer gesagt um ihr Ansehen. Es soll nicht nur bewahrt, sondern verbessert werden – gemäß den Werten, denen Chinesen nachstreben: Reich werden, zumindest als reich angesehen werden; gute Beziehungen haben, weil Beziehungen, Guanxi, einflußreich machen; über Wissen und gute Schulbildung verfügen, weil das sozialen Aufstieg überhaupt erst ermöglicht.

Eltern wollen vor allem ihren Kindern alle Möglichkeiten geben, damit sie nach oben gelangen können. Der Aufstieg des Kindes erhöht das Ansehen der Eltern und das der Verwandten sowie aller Ahnen der Familie. Chinesische Eltern erwarten und fordern viel von ihren Kindern, sie geben ihnen aber auch viel. Es ist nicht von der Hand zu weisen, daß chinesische Kinder einerseits überfordert, andererseits geradezu maßlos verwöhnt werden.

Es wird geschätzt, daß in Städten lebende Ein-Kind-Familien zwischen 50 und 70 Prozent dessen, was sie monatlich ausgeben, für ihr Kind aufwenden.

Dazu kommt, daß die meisten dieser Einzelkinder von den beiden Großeltern sowie von Tanten und Onkeln Geld erhalten. Nicht selten verfügen diese Kinder damit über ein Taschengeld, das weit über dem statistischen Durchschnittseinkommen liegt.

Ausgegeben wird das Geld für Mode, Videos, CDs, Discobesuche. Das macht den jungen Leuten nicht nur Spaß, das trägt zu ihrem Ansehen, zu ihrem Status in der Gruppe der Gleichaltrigen bei. Was sonst noch zum Status gehört – Mountainbike, Computer, etwas später dann Handy und Motorrad, Klavierunterricht, Ballettstunden und Fremdsprachenkurse –, wird von den Eltern oder Großeltern finanziert, auch wenn es vielleicht schwerfällt.

Was die ältere Generation sich nicht erlaubt, weil es sich nicht gehört, wird der jungen Generation zugebilligt: Individualismus und Egoismus. Die Wirtschaft sieht darin, und das völlig zu Recht, einen Motor des Wachstums. Noch wird ein Großteil der importierten Luxusartikel von den jungen Leuten oder für sie gekauft. Das wird später den Herstellern von entsprechenden chinesischen Produkten zugute kommen. Was auf längere Sicht zählt: Die Jugend wird zum Konsumieren erzogen, sie hat gelernt, Geld auszugeben. Idealer Verbrauchernachwuchs für Chinas Konsumartikelhersteller, die immer mehr das Angebots- und Qualitätsniveau westlicher Hersteller erreichen: Die rund 100 Millionen Jugendlichen in den Städten und die rund 200 Millionen auf dem Land, die vorhaben, in die Städte zu ziehen und „städtisch" zu leben.

In China, insbesondere in den Groß- und Megastädten, wächst heute jedenfalls eine verwöhnte, anspruchsvolle, auffallend selbstbewußte und außerordentlich materialistisch eingestellte Jugend heran. Sie ist zum Großteil un-, ja antipolitisch eingestellt. Sie hat nichts mit politischer Opposition am Hut, sie ist politisch desinteressiert. Sie rebelliert in keiner Weise gegen die sozialen und kulturellen Werte, sie geht einfach ihren eigenen Weg. Ein konsum- und geldorientierter Weg. Mehr Geld für noch mehr und noch anspruchsvolleren Konsum – dafür lernen, studieren und arbeiten die meisten mit großem Fleiß und in der Obhut ihrer Familie.

Prinzen und Kaiser

Ming Li trägt Jeans mit dem Calvin-Klein-Label, Sweatshirts von Lee, ein Tommy-Hilfinger-Jacket, Seiko-Sonnenbrille, Marken-Outfit eben.

Völlig klar, daß alles, was er trägt, tadellos sauber ist, daß seine Hosen, Jeans natürlich ausgenommen, messerscharfe Bügelfalten haben und die schwarzen Lederschuhe auf Glanz poliert sind. Er besteht auf schwarzen Schuhen, braune oder gar graue – indiskutabel. Dem Outfit nach könnte Ming Li ein junger Investment-Banker sein. Ist er aber nicht: Ming Li zählt gerade 16 Jahre und geht noch zur Schule. Er gehört, und das ärgert ihn manchmal, keineswegs zu den bestangezogenen Schülern seiner Schule.

Ming Li lebt im Südwesten Chinas, in einer der kleineren Millionenstädte, in Kunming. Seine Eltern arbeiten in einem Staatsbetrieb, sind Durchschnitts-Doppelverdiener. Ihr Sohn ist das einzige Kind. Sie haben sich mit der staatlich verordneten Ein-Kind-Ehe abgefunden, mehr noch, sie halten diese Beschränkung sogar für höchst vernünftig – und gut für das Kind. Hätte der Sohn Brüder und Schwestern, müßte er wohl auf so manches verzichten, auf Kleidung mit Designer-Label, auf Walkman, Mountainbike und Discobesuche. Worauf er bestimmt nicht verzichten müßte, ist gute Erziehung.

Städtische Familien stecken einen oft beachtlichen Teil ihres Einkommens in die Erziehung der Kinder, um deren spätere Berufschancen zu erhöhen.

Für Schulen, die im Rahmen der gesetzlichen Schulpflicht besucht werden müssen, für Grundschule und Sekundarstufe I, diese entspricht in etwa unseren Mittelschulen, besteht zwar Schulgeldfreiheit, dafür aber liegen dann die Kosten für weiterführende Schulbildung ziemlich hoch.

Die Schulgebühren machen dabei den geringsten Teil aus. Was teuer kommt, ist der außerschulische Unterricht wie Nachhilfe-, Mal-, Tanz-, Computer- und Fremdsprachenkurse. Gutverdienende Eltern geben noch mehr für die schulische Erziehung ihrer Sprößlinge aus. Sie schicken die Kinder auf Privatschulen, die es in den meisten Städten für alle Schulstufen bis hinauf zur Hochschule gibt. Da sind dann pro Kind und Schuljahr zwischen 15000 und 30000 Yuan aufzubringen.

Wie in allen Lebensbereichen ist auch hier der Unterschied zwischen Stadt und Land sehr groß. Auf dem Lande genießt Schulbildung kein so großes Ansehen, vor allem jedoch sind viele Eltern wirtschaftlich nicht in der Lage, die Kosten für eine gute Schulbildung ihrer Kinder aufzubringen.

Den Kindern und Jugendlichen auf dem Land geht es keineswegs so gut wie denen in den Städten. Was nicht heißt, daß es ihnen ausgesprochen schlecht ginge: Sie haben nur noch keinen Anteil an den sogenannten „neuen Wirklichkeiten“, die in der Hauptsache aus erweiterten Konsum-, Vergnügungs-, Bildungs- und Berufsmöglichkeiten bestehen. Dafür aber wachsen die „Landkinder“ nach wie vor in der lebendigen Gemeinschaft einer aus mehreren Generationen zusammengesetzten Großfamilie heran. Sie erleben relativ ungestört „Familie“ – was in den Städten, wo Kleinfamilie und Berufstätigkeit beider Eltern fast schon zur Regel geworden sind, nur selten der Fall ist.

Als „kleine Kaiser“ bezeichnet man die Einzelkinder in den Städten, für deren Wohlergehen, Ausbildung und Vorankommen zumeist mindestens ein Drittel des Familieneinkommens aufgewendet wird. Es gehört auch zu den „neuen Wirklichkeiten“, daß nicht nur Söhne, sondern auch Töchter kaiserlich verwöhnt

Abb. 9: Die Mädchen tragen gerne große rote Schleifen bei feierlichen Anlässen.

werden und dementsprechend egoistisch anspruchsvoll sind. Nur noch auf dem Land, insbesondere in den ärmeren Regionen Westchinas, wird die Ungleichbehandlung der Mädchen beibehalten, was immer noch schlimme, ja unmenschliche Auswirkungen hat.

Man spricht nicht gern über das, was Mädchen infolge traditioneller Mißachtung widerfahren kann. Es gibt auch praktisch keine Untersuchungen beziehungsweise statistischen Erhebungen über Situation und Befindlichkeit der „Landjugend". Eigentlich erstaunlich, wo doch von den rund 430 Millionen Kindern und Jugendlichen in China 320 Millionen auf dem Land und nur 110 Millionen in Städten heranwachsen. Etwa 90 Prozent der Stadtkinder, also knapp 100 Millionen, sind Einzelkinder – und nur in dieser Gruppe, die nicht einmal ein Viertel der „jungen Generation" ausmacht, sind die verwöhnten „kleinen Kaiser" und „jungen Prinzen" zu finden.

Man sollte also nicht vorschnell in dieser der Zahl nach relativ beschränkten Gruppe die neue, das heißt „künftige Generation" Chinas sehen. Selbst wenn die Landflucht anhält, wenn 100 oder auch 200 Millionen junge Chinesen in die Städte zuwandern sollten, um dort Arbeit zu finden und eine Ein-Kind-Familie zu gründen, ist keineswegs sicher, daß sie die Konsumgewohnheiten und Lebenseinstellungen der „kleinen Kaiser" annehmen werden.

Abb. 10: „Die China-Gang von morgen".

In die „Prinzen-" oder gar in die „Kronprinzenklasse" wird sowieso kaum jemand aufsteigen. Speziell in die „Kronprinzenklasse" steigt man nicht auf, in sie wird man hineingeboren. Die Kronprinzen, das sind die Söhne von hochrangigen Parteifunktionären, Ministern, Generälen, Top-Managern, Vorstandsvorsitzenden und Wirtschaftstycoons. Junge Leute mit hervorragenden Guanxi, die bereits mit 19 oder 20 Jahren Ferraris fahren, eigene Luxusappartements bewohnen, exklusiven Reit- oder Golfclubs angehören, Maßgeschneidertes tragen, im Ausland an Spitzenuniversitäten studieren dürfen. Sie können sich alles leisten – der Papa macht es möglich. Kinder der Mächtigen und Superreichen.

Frei nach Bert Brecht: Sie stehen im Licht, doch die im Dunklen sieht man nicht. Im tiefsten Dunkel leben die Waisen- und Findelkinder. Unter letzteren befinden sich zahlreiche Mädchen, die nach der Geburt ausgesetzt wurden, weil die Eltern kein Mädchen, sondern einen Jungen wollten.

Schätzungsweise 100 000 Kinder müssen heute in China in Waisenhäusern leben. Leben? Jedenfalls sollen die chinesischen Behörden jegliche Berichterstattung über Waisenhäuser untersagt haben ...

China – ein Land der Gegensätze, auch im Hinblick auf seine Jugend.

Alt sein in China

Vieles hat sich geändert, noch mehr scheint in Fluß zu sein, eins ist geblieben und wird bleiben: Die Einstellung zum Alter, der Respekt vor dem Alter. Er wurzelt in den traditionellen, doch nach wie vor gültigen, weil allgemein akzeptierten Moralvorstellungen, genau gesagt im konfuzianischen Tugendkatalog.

Achtung vor dem jeweils älteren Menschen sowie die Liebe der Kinder zu den Eltern, die kindliche Pietät, galten und gelten als hervorragende Tugenden. Daraus leitet sich der Anspruch der Eltern auf Respekt der Kinder und auch das Recht auf Unterstützung durch die Kinder im Alter ab.

Überall in China, in den Familien, Unternehmen, sogar in der Politik prägt das moralisch fundierte Verhältnis zwischen alt und jung die Einstellung zum Alter. Mit dem Alter wächst das Ansehen in der Gesellschaft.

Der jeweils Älteste genießt immer Vorrang und bevorzugte Behandlung. Bei uns gilt in Sachen Höflichkeit „Ladies first", in China heißt es „Oldies first"!

Die Alten haben Redevorrecht, das nicht selten in eine Art Narrenfreiheit ausartet. Auch wenn die Jüngeren mit dem, was der Alte sagt, nicht einverstanden sind, hören sie ihm geduldig und ohne offene Widerrede zu.

Sehr wichtig, wenn auch heute nicht mehr immer und überall möglich: Die Familien sind bestrebt, ihre Alten nicht allein oder gar ohne Fürsorge zu lassen. Man überläßt die alten Eltern nicht ihrem Schicksal. Auch wenn beide Ehepartner berufstätig sind und die Wohnung klein ist, wird versucht, die Großeltern in das Familienleben zu integrieren. Auf jeden Fall wird alles getan, was nur möglich ist, um das Leben der alten Eltern angenehm zu machen und zu verlängern.

Das erklärt beispielsweise die verblüffend erscheinende, jedoch durch Marktuntersuchungen belegte Tatsache, daß die Käufer von vitalisierenden Mitteln gegen altern und Altersschwäche in der Hauptsache 25 bis 45jährige sind. Die Marktforschung hat festgestellt, daß diese jungen Käufer keineswegs die Verbraucher der Tonika sind, sondern diese ihren Eltern oder Großeltern schenken. Die sollen lang leben, vital und gesund älter werden ...

Der Wunsch nach einem langen Leben und die Bereitschaft, den Alten bei der Erfüllung dieses Wunsches zu helfen – ein Charakteristikum der chinesischen Kultur bis heute! Alte und sehr alte Eltern sowie Großeltern zu haben erhöht nicht zuletzt den sozialen Status, das gesellschaftliche Ansehen des Chinesen. Man investiert zuallererst in die Zukunft der Kinder, man investiert aber auch in Wohlergehen und Lebensverlängerung der älteren Familienangehörigen.

Es läßt sich allerdings nicht leugnen, daß die enge Verbundenheit von alt und jung zunehmend lockerer, weil, insbesondere in den Städten, schwieriger wird.

Die Zahl der älteren Menschen wächst. Heute sind etwa 12 bis 14 Prozent der Gesamtbevölkerung über 60. Bis zum Jahr 2002 wird der Anteil auf weit über 15 Prozent angewachsen sein und sich dann rasch auf bis zu 20 Prozent erhöhen.

Parallel dazu geht jedoch die Zahl der Mehr-Generationen-Haushalte zurück. In immer weniger Haushaltungen leben drei Generationen unter einem Dach.

Aufgrund der wirtschaftlichen Entwicklung, der mit ihr verbundenen beruflichen Mobilität, die zu häufigeren Wohnortwechseln führt, auch durch die enorme Verteuerung des Wohnens vor allem in den Wirtschaftszentren sind immer mehr ältere Menschen dazu gezwungen, getrennt von ihren Kindern und Enkeln zu leben. Sie leben allein, können nicht mit der Hilfe junger Familienmitglieder rechnen, sind auf fremde Pflege angewiesen. Es bleibt keine andere Wahl: Sie verbringen ihren Lebensabend in Seniorenheimen.

Die Zahl dieser Heime wächst rapide an. In Shanghai zum Beispiel gab es 1978 erst 42 Seniorenheime, 1998 zählte man bereits nahezu 1000 solcher Heime.

Insgesamt betrachtet ist es freilich immer noch so, daß die meisten der derzeit rund 110 Millionen Chinesen im Alter über 60 in der Gemeinschaft ihrer Familien oder familiennah, aber in der eigenen Wohnung leben. Gewiß ist jedoch auch, daß die Zahl der in Seniorenheimen alt werdenden Chinesen zunehmen wird. Noch gibt es erst 750 000 Senioren, die zu Heimbewohnern geworden

Abb. 11: Die Alten auf dem Land finden Entspannung beim Pfeiferauchen.

sind, bis 2002 wird es schätzungsweise eine Million sein. Der Anfang einer Entwicklung, die für China wirklich ein Novum darstellt. Die Jungen respektieren und ehren ihre Alten, aber sie können aus vielen Gründen nicht mehr mit ihnen zusammenleben.

Die Sache mit dem Recht

Es hat wenig mit den Jahrzehnten des kollektivistischen Mao-Kommunismus zu tun, daß Individualismus bei den meisten Chinesen nach wie vor einen schlechten Ruf hat, sogar als Untugend gilt. Individualismus wird mit Egoismus gleichgesetzt, mit Unordnung und Anarchie verbunden.

Den Chinesen ist es im Laufe der Jahrtausende in Fleisch und Blut übergegangen, sich in Gemeinschaft ein- und unterzuordnen, sich jedenfalls nach außen hin an die gesellschaftlichen Normen zu halten. Wer das nicht tut, ist guai, komisch.

„Komisch" käme es einem Han-Chinesen aber auch vor, keine eigene Meinung zu haben und diese mit großer Streitlust zum Ausdruck zu bringen. In China wird, Politik ausgenommen, viel und oft auch recht heftig gestritten. Dabei geht man allerdings selten soweit, dem oder den Kontrahenten und vor allem sich selbst „das Gesicht zu nehmen“. Da kann die Auseinandersetzung noch so heftig sein – die Vernunft gebietet es, das „Gesicht“ nicht zu verlieren und den anderen ihr „Gesicht“ zu belassen. Man gelangt zu einem Konsens, der zwar später kaum eingehalten wird, der aber für den Moment den Streit beendet. Ernsthafte Auseinandersetzungen werden zumeist durch schlichtendes Eingreifen eines Dritten beigelegt.

Auch dann, wenn es um ausgesprochene Rechtsfälle geht, um Einhaltung oder Auslegung von privaten sowie geschäftlichen Vereinbarungen, um Beleidigung beziehungsweise üble Nachrede, auch um rechtsstrittige Eheprobleme, also um Fälle, die bei uns Rechtsanwälte und Amtsgerichte beschäftigen, kommt es in China meist zur Schlichtung sowie Regelung durch Einmischung der Familie, Verwandtschaft, Arbeitseinheit oder Nachbarschaft. Nur dann, wenn diese Einmischung nicht fruchtet, was relativ selten passiert, wird der Rechtsstreit vor ein Volksgericht gebracht. Auch das Gericht entscheidet gewöhnlich nicht nach Paragraphen, die dem westlichen bürgerlichen Zivilrecht entsprechen. Es gibt keine Kodifizierung im Sinne der anglo-amerikanischen oder der römischen Rechtstradition. „Recht“ muß immer wieder aufs Neue gefunden und formuliert werden. Dem chinesischen Zivilrecht geht es nicht um gerichtlich durchsetzbare subjektive Rechte, sondern um Wahrung sozialer Ruhe und Ordnung.

Die Durchsetzung egoistischer Individualansprüche mittels Paragraphen und juristischer Tricks hat vor chinesischen Gerichten wenig Aussicht auf Erfolg. Aus gutem Grund halten die meisten Chinesen nicht viel von einer gerichtlichen Austragung privatrechtlicher Streitfälle. Sie sind „gerichtsscheu“, und das beruht sowohl auf Erfahrung als auch auf Tradition.

Traditionell messen Chinesen dem Zivilrecht keine große Bedeutung bei. Mit dem Wort „Recht“ wird in China eher das Straf- als das Zivilrecht gemeint. „Recht“ hat etwas mit der Staatsverwaltung und viel mit der Staatsmacht zu tun.

Vom Staat erlassene Gesetze sind vorwiegend dazu da, den Verwaltungen Handlungsrichtlinien zu geben. Die Verwaltungen wiederum sehen in den Gesetzen interne Anweisungen, die mehr oder auch weniger streng auszulegen und anzuwenden sind.

Chinas Richter hingegen legen Gesetze, insbesondere die Strafgesetze, in der Regel äußerst streng aus. Das chinesische Strafrecht sieht vor allem bei Gewaltdelikten drakonische Strafen vor. Auf Mord, Vergewaltigung und schweren Raub steht die Todesstrafe. Diebstahl, aber auch Prostitution, Handel mit pornographischen Schriften oder Rauschgift sowie Organisation von Glücksspielen werden mit langjähriger Gefangenschaft bestraft.

Korruption, Bestechung? Diese „Delikte" sind nur in unseren Augen Straftaten. Aus chinesischer Sicht handelt es sich um Gefälligkeiten, die geschäftliche Beziehungen oder behördliches Entgegenkommen überhaupt erst ermöglichen und ohne die Beziehungspflege nicht zu denken wäre.

Bestraft werden Korruption und Bestechung in besonders krassen Fällen, insbesondere wenn Parteikader darin verwickelt sind, politische Zwecke mit der Bestrafung verbunden werden können oder ein politisches Exempel zu statuieren ist.

Hier und bei der Ahndung von Verstößen gegen die Staatssicherheit, diese stellen einen Rechtskomplex für sich dar, erweist sich die Dominanz der Politik, das heißt der Kommunistischen Partei, in der Straftatenverfolgung und Strafrechtssprechung.

Die Sache mit dem Recht ist weitgehend Sache der Politik.

Chinesische Richter sind nicht unabhängig in Auslegung und Anwendung der Gesetze, sondern weisungsgebunden. Weisungszuständig ist in letzter Instanz der Oberste Volksgerichtshof in Beijing. Er ist zwar formell in die Verfassung eingebunden, faktisch jedoch der Partei verpflichtet.

Der Präsident des Obersten Volksgerichtshofes Ren Jianxin (geb. 1925) hat das 1996 klar zum Ausdruck gebracht:

„Die Gerichte in China müssen die Führungsrolle der Partei akzeptieren. Es ist ein Fehler zu glauben, daß nur, weil es das Recht gibt, Gerechtigkeit erlangt werden kann ohne die Führung durch die Politik der Partei."

Es fehlt tatsächlich an einer zuverlässig objektiven, mit Gewißheit den Gesetzen verpflichteten Rechtsprechung.

Diese Rechtsverhältnisse sind Nährboden blühender Bürokratie. Ihr besonderes „Rechtsmittel" ist der Stempel.

Man braucht viele Stempel, um in China überhaupt als Mensch anerkannt zu sein. Nur wer einen „Stempel besitzt", existiert für die Behörden. Erst mit Stempel wird ein Papier zum Schriftstück. Unterschriften – sind wertlos. Der Kampf um den richtigen Stempel von der richtigen Behörde auf dem richtigen Formular begleitet den Chinesen „von der Wiege bis zur Bahre".

Chinesische Heilkunde

Auch wer nicht viel über China weiß, hat doch bereits von der chinesischen Nadeltherapie, der Akupunktur, gehört, vielleicht sogar schon positive Erfahrungen mit ihr gemacht.

Speziell gefertigte Nadeln werden in beziehungsweise durch die Haut gestochen, um Krankheiten zu behandeln, Schmerzzustände zu beheben, Organstörungen zu regulieren oder die körpereigene Abwehrkraft zu stimulieren. Auch die westliche Schulmedizin muß zugeben, daß die Erfolgsquote der Akupunktur außerordentlich hoch ist, vor allem bei Fällen, die anderen Therapien trotzen. Die naturwissenschaftliche medizinische Forschung ist jedoch immer noch nicht zu einer absolut schlüssigen Erklärung der Vorgänge gelangt, die sich im Organismus abspielen, wenn an besonderen Sinnesstellen der Haut, den sogenannten Akupunkturpunkten, Nadeln eingesteckt werden. Am schlüssigsten ist die Ansicht, daß Einstiche ins Gewebe bioelektrische Veränderungen auslösen, die eine regulierende oder anregende Wirkung auf gestörte Funktionen bestimmter Organe ausüben können. Wichtig ist, daß die Einstiche an bestimmten Punkten erfolgen. Die Chinesen haben bereits vor vielen Jahrhunderten rund 800 Punkte festgehalten und ein System von Einstichpunkten entwickelt, in dem jeder Punkt ganz spezifisch Organen oder Körperfunktionen zugeordnet ist.

Erfindung und Entwicklung der Akupunktur – und aller anderen Methoden der traditionellen chinesischen Heilkunde – beruhen auf Erkenntnissen von der Natur des Menschen. Nach chinesischer Ansicht ist der Mensch ein ganzheitliches System von miteinander vernetzten, aufeinander einwirkenden Organen, das durchflutet ist von einer alles belebenden Energie, dem Qi, dem „Lebensodem".

Die Ganzheit des menschlichen Organismus ist eingebunden in die äußere Welt, folgt der Gesetzmäßigkeit, die alles bestimmt, sowohl die Gesellschaft als den Kosmos. Alles steht in Beziehungen und wird bestimmt durch yang und yin.

Chinesische Philosophen formulierten eine Weltlehre, die alles, was ist, als etwas von der Urenergie belebtes Ganzheitliches begreift. Diese Urenergie setzt sich aus yang und yin zusammen. Das sind zwei gegensätzliche, jedoch immer zugleich auftretende Kräfte, noch zutreffender gesagt Energiezustände, die in ständiger Wechselwirkung nach Ausgleich, nach Gleichgewicht suchen – im Universum, überall, auch im Menschen. Der „gesunde“ Zustand der Harmonie, des Gleichgewichts zwischen yang und yin im Menschen, hängt davon ab, daß alle Organe ausreichend, im richtigen Maß, doch auch nicht im Übermaß, mit Qi versorgt sind. Da alle Organe und Körpersubstanzen entweder dem yang oder dem yin zugerechnet werden, muß Mangel oder auch Übermaß an Qi in einem Organ das yang/yin-Gleichgewicht stören und damit den Menschen krank machen. Disharmonie zwischen yang und yin ist Krankheit.

Ziel ärztlicher Diagnose ist es, die Ursache der Disharmonie herauszufinden. Ziel der ärztlichen Behandlung ist es, yang und yin wieder in Einklang zu bringen.

Hauptaufgabe des Arztes in der traditionellen chinesischen Medizin war und ist allerdings die Bewahrung der Gesundheit. Ein chinesisches Sprichwort sagt: „Überragende Ärzte verhindern Krankheit, mittelmäßige heilen noch nicht ganz ausgebrochene Krankheiten, schlechte Ärzte behandeln bereits bestehende Krankheiten.“

Es ist überliefert, daß früher Ärzte nur so lange ihr Honorar erhielten, als sie die Gesundheit des Betreuten bewahrten. „Der wahre Arzt pflegt den Kranken vor der Krankheit!“

Wichtigste Maßnahme, um krankhafte Vorgänge, das heißt Störungen des yang/yin-Gleichgewichts, bereits in den Anfängen zu beeinflussen und rückgängig zu machen, sind Regulierung beziehungsweise Stärkung des Qi-Flusses. Akupunktur wirkt auf das Fließen von Qi, also von Lebensenergie, ein. Der Qi-Fluß bewegt sich in Leitbahnen, Meridianen, auf denen die Akupunkturpunkte liegen.

Es gab im alten China noch eine andere, von der yang/yin-Weltsicht zunächst getrennte Seins-Philosophie. Sie teilte alles Sein in fünf Kategorien und ordnete die Gesamtheit der Phänomene den sogenannten „Fünf Phasen“ zu. Alles Geschehen, auch das im Körper des Menschen, bestand dieser Philosophie nach aus einem ständigen Hervorbringen, Überwinden und Kontrollieren.

Diese Lehre verschmolz im Laufe der Jahrhunderte mit der yang/yin-Philosophie zu einer Zusammenschau, aus der die wesentlichen Elemente der Heilkunde resultieren, die heute als TCM (Traditionelle Chinesische Medizin) bezeichnet wird. Eine Heilkunde, die mittlerweile nicht nur in China gelehrt und praktiziert wird, die ihre Hauptaufgabe immer noch in Bewahrung von Gesundheit sieht, dennoch in nahezu allen Therapiebereichen mit überdurchschnittlichen Erfolgen Anwendung findet.

Zur TCM zählt man Zhenjiu, die Akupunktur, Qi-Gong, das Körper-Training des Qi, der Lebensenergie, die Tuina-Massage, eine ganzheitliche Massage, die sich am System der meridianal angeordneten Akupunkturpunkte orientiert.

Nicht zuletzt, historisch und ihrer Bedeutung nach betrachtet sogar zuerst, gehört die chinesische Pflanzenheilkunde zur TCM. In China hat sie heute noch den größten Anteil an ärztlichen Maßnahmen gemäß traditioneller Medizin. Ihre Geschichte läßt sich bis ins vierte Jahrtausend vor unserer Zeitrechnung zurückverfolgen.

Es ist bekannt, daß die chinesischen Pharmakologen als erste die vorbeugenden oder therapeutischen Kräfte vieler Kräuter entdeckten, die heute noch geschätzt und in Chinas Apotheken verkauft werden. Damals wie heute werden auch zahlreiche nichtpflanzliche Substanzen eingenommen. Pulverisierten Hirschgeweihen wurde und wird diuretische sowie stimulierende Wirksamkeit zugesprochen, das Sekret der Ohrspeicheldrüse der Kröte wurde und wird seiner digitalisähnlichen Wirkung wegen gegen Herzschwäche eingesetzt. Nach wie vor, ja mehr denn je wird in Nahrungsmitteln auch „Medizin“ gesehen. Man unterscheidet die Nahrungsmittel in solche, die yang, und in solche, die yin sind.

Arzneien, auch sie sind grundsätzlich nach yang oder yin klassifiziert, werden meist als Tees, Suppen oder Schmorgerichte eingenommen oder Speisen zugefügt. Arznei wird gegessen oder getrunken – und Speisen und Getränke sind Arznei!

Immer geht es darum, für den richtigen Qi-Fluß im Körper zu sorgen, ein Ungleichgewicht zwischen yang und yin zu vermeiden oder zu beheben.

Die traditionelle chinesische Medizin ist gewiß etwas Einzigartiges: Ganzheitliche Heilkunde, die auf Jahrtausende der Erfahrung und Entwicklung zurückblicken kann und heute noch praktiziert wird und sogar dabei ist, weltweit als Alternative zur naturwissenschaftlichen, „westlichen" Medizin Geltung zu gewinnnen.

Falsch wäre es jedoch, anzunehmen, daß die traditionelle Medizin im heutigen chinesischen Gesundheitswesen die dominierende Rolle spielen würde. Westliche „Apparatemedizin" und Chemotherapie in Verbindung mit westlicher Pharmazie dominieren heute in China, insbesondere in den Städten.

Viele chinesische Mediziner sehen in der traditionellen Heilkunde keine Alternative zur naturwisschenschaftlichen Medizin, sondern eine Ergänzung zu ihr. Die Fortschritte, die in China auf dem Gesundheitssektor seit 1949 erzielt worden sind, werden in der Hauptsache der modernen Medizin und chemischen Arzneimitteln zugeschrieben. Zu den Fortschritten gehören u.a. der Rückgang der Kindersterblichkeitsrate von 200 Promille 1949 auf heute 31 Promille und die Erhöhung der durchschnittlichen Lebenserwartung von 35 (1949) auf 70 Jahre heute.

Dennoch soll die Traditionelle Chinesische Medizin (TCM) nicht nur als „Kulturgut" bewahrt, sondern als Beitrag zur Volksgesundheit und auch als „Exportschlager" gefördert sowie weiterentwickelt werden. Förderung der TCM wurde 1996 von der Regierung sogar zu einem Schwerpunkt der „Reform des Gesundheitswesens" gemacht. Weitere Schwerpunkte sind die Verbesserung des Gesundheitswesens auf dem Lande, die Anhebung des Gesundheitsniveaus der Bevölkerung insgesamt und die Schaffung eines neuen Gesundheitssystems chinesischer Prägung. Man will das bisher ausschließlich staatlich finanzierte Gesundheitswesen aufgeben. In den Städten soll ein Versicherungssystem eingeführt werden, bei dem die Kosten auf den Staat, den Arbeitgeber und den Angestellten/Arbeiter gleichmäßig verteilt sind. Auf dem Land soll ein genossenschaftliches Gesundheitssystem aufgebaut werden, das aus individuellen Beiträgen, öffentlichen Wohlfahrtsfonds und staatlichen Zuschüssen finanziert wird.

Welche Bedeutung der traditionellen Medizin im reformierten Gesundheitswesen, also in den Jahren nach 2000 zukommen wird, läßt sich heute nur abschätzen. Zur Zeit gibt es in ganz China rund 3000 medizinische Einrichtungen, darunter an die 200 Krankenhäuser, die auf traditionelle Medizin spezialisiert sind. Sie haben im Jahr 1996 – vor allem auf dem Land – mehr als 200 Millionen Menschen versorgt. An 30 Hochschulen kann derzeit die traditionelle chinesische Medizin studiert werden. An eine Erweiterung von Lehre und auch Forschung ist gedacht.

Was Chinesen essen und trinken

Eine gebräuchliche Begrüßungsformel lautet: „Haben Sie Ihren Reis schon gegessen?“ Dabei steht „Reis“ als Symbol für Essen. Eine recht vernünftige Begrüßung. Chinesen halten es eben für unsinnig, jemandem einen guten Tag zu wünschen, ohne zu wissen, ob der Begrüßte bereits gegessen hat. Essen ist die wichtigste Voraussetzung, um einen guten Tag zu haben – und ein gutes Leben zu leben.

Chinesen essen leidenschaftlich gern, und sie tun das nicht nur mit allen Sinnen, sondern buchstäblich „mit Verstand“. Wahrscheinlich liegt einer der Gründe dafür, daß wohl in keinem anderen Land dem Essen (und Kochen) mehr Bedeutung zugemessen wird, darin, daß das chinesische Volk niemals die Furcht vor Hunger und das Wissen um die Mühsal der Nahrungsbeschaffung aus seinem Bewußtsein verdrängen konnte. Mißernten und Hungersnöte begleiten die Geschichte Chinas, die letzte große Hungersnot liegt erst ein paar Jahrzehnte zurück. Derzeit droht freilich nirgendwo in China solche Not. Nicht alle leben wie im Schlaraffenland, aber den meisten geht es jedenfalls in punkto Essen gut. Sie können sich über die Notwendigkeit hinaus an Essen und Trinken erfreuen.

Chinesische Eßkultur und Chinas Küche zielten immer darauf ab, nicht nur den Hunger zu stillen. Die Speisen sollen Genuß sein und noch mehr. Sie dienen der Gesundheit und Lebensverlängerung, sie gehören zum Lebensglück.

„Der Himmel liebt den Mann, der gut ißt“, sagt ein altes chinesisches Sprichwort. Ob der Chinese was vom Himmel hält oder nicht: Er ist sich bewußt, daß er mit jeder Mahlzeit seinem eigenen Wert etwas hinzufügt. Er stärkt die Widerstandskraft, gibt dem Qi sozusagen Dampf, er trägt zur Ausgeglichenheit seines yang und yin bei, kuriert Leiden, noch bevor sie zu schaffen machen, er versetzt sich in den Stand, tüchtiger und erfolgreicher zu sein. Essen hat für den Chinesen also viele Dimensionen.

Der Nährwert der Speisen ist in der chinesischen Küche ebenso wichtig wie ihre Köstlichkeit, ihr Genußwert.

Nährwert und Genußwert, beides wird durch die Zusammenstellung der Zutaten und die Art der Zubereitung sichergestellt. Die Kombination der Zutaten ist geradezu eine Wissenschaft für sich. Im Laufe von Jahrtausenden wurde das Kombinieren immer tiefer erforscht und weiterentwickelt. Man kann von einer kulinarisch-philosophischen Harmonielehre sprechen. Sie beruht auf Dogmen. Sie hat Regeln, die unzählige Variationen nach Jahreszeiten, Anlässen, aber auch Regionen ermöglichen. So kommt es, daß die chinesische Küche verschiedenste regional beeinflußte „Schulen" kennt und insgesamt an die 50000 Rezepte zählt.

Ein „Dogma" ist die an die yang/yin-Klassifizierung aller Nahrungsmittel orientierte Ausgewogenheit. Damit wird grundsätzlich und bis ins Detail geregelt, was einander bedarf und was nicht zusammenpaßt. Warmes muß mit Kaltem harmonieren. Ausgefallenes, auch Insekten, Schlangenfleisch und anderes „Exotisches", wird aufgetischt – unter Befolgung des Grundgesetzes, daß die Gesamtkombination harmonisch sein muß.

Nahezu alles, was die Pflanzen- und Tierwelt bietet, läßt sich in der Küche verwenden – vorausgesetzt, es gelangt frisch und in der richtigen yang/yin-Kombination zur Verwendung.

Diesen Dogmen folgt man sowohl in den Familienküchen als auch in den Luxusrestaurants. Natürlich wird von deren Köchen die „dogmatische" und gerade deshalb höchst variationsfähige chinesische Küche nicht selten zur kreativen Kochkunst gemacht. Salat aus Entenschwimmhäuten, eingelegte Entenzungen oder in Honig geschmorte Entenmägen werden in einfachen Haushalten nicht bereitet.

Die „normale" Küche zeichnet sich nicht durch ungewöhnliche Delikatessen und extravagante Kombinationen aus, sondern durch Schmackhaftigkeit, Bekömmlichkeit und Abwechslung.

Die chinesische Küche ist keine „Fleischküche" so wie die westliche, insbesondere die europäische. Gemüse, nach Möglichkeit frisch gekauft, spielt die Hauptrolle. Es muß knackig sein und seine frische Farbe behalten. Es wird in vielerlei Varianten mit verschiedensten Zutaten zubereitet.

Fleischgerichte in Form von Steaks, Schnitzeln oder Braten sind der chinesischen Küche fremd. Fleisch, bevorzugt Schweine- und Geflügelfleisch, ist in der Regel Zusatz zu Gemüse, Nudeln, Teigtaschen oder Teigrollen. Es wird in relativ geringer Menge beigegeben, es soll das jeweilige Gericht durch sein Aroma bereichern. Es muß auf jeden Fall zart sein, auf der Zunge zergehen, keinen Biß haben. Die Konsistenz ist sehr wichtig: Fleisch zart, Gemüse knackig, Sprossen von Bambus oder Bohnen mit leichtem Biß.

Um das richtig hinzukriegen, setzt man eine besondere Zubereitungstechnik ein: Man gart beziehungsweise brät unter schnellem Rühren in einem speziellen Kochgefäß, im Wok, der Bratpfanne und Topf zugleich ist. Im Wok garen Speisen im Handumdrehen – vorausgesetzt, die Zutaten sind vorher kleingehackt oder kleingeschnitten worden. Die Zerkleinerung der Zutaten ist die zeitaufwendigste und mühsamste Arbeit in Chinas Küchen.

Auch das ist anzumerken: Die Verwendung von Fertig- und Tiefkühlgerichten, insbesondere durch berufstätige Hausfrauen in Großstädten, ändert nichts daran, daß die traditionelle chinesische Küche keine „Dosenküche" ist. Die Chinesen sind seit Jahrtausenden Meister des Konservierens. Sie brauchen keine Konserven in Dosen. Ihre konservierten Nahrungsmittel sind getrocknete Pilze, Algen, Krabben, Fische, Gewürze, auch Fleisch. In getrocknetem Zustand haben alle diese Produkte ein intensives Aroma, sie werden deshalb gern in kleinen Mengen als Würzmittel verwendet.

Sehr wichtig: Die chinesische Küche weist ausgeprägte regionale Unterschiede auf. Die nordchinesische Regionalküche ist charakterisiert durch einfache, oft ziemlich deftige Gerichte. Es gibt kaum Reis, dafür Teigspeisen in einer Vielzahl von Varianten. Für die südchinesische Regionalküche hingegen ist Reis sozusagen das tägliche Brot. Es wird überdies höchst vielseitig, ja raffiniert gekocht. Die ostchinesische Regionalküche bevorzugt Fisch, Krabben, Krebse. Typisch sind süßlich oder süßsauer zubereitete Speisen. Die westchinesische Regionalküche ist Chinas „scharfe Küche". Hier wird reichlich mit rotem Chili gewürzt.

Jede dieser Regionalküchen weist eine Vielzahl von Eigenheiten und Spezialitäten auf. Fest steht jedoch auch: Alle folgen den

„Dogmen“ und Grundregeln einer Küche, die als traditionelle chinesische Küche zu bezeichnen ist.

Undogmatisch und recht locker sind die Trinkgewohnheiten. Zu einer gewöhnlichen Mahlzeit „trinken“ die Chinesen meist nur Suppe. Tee wird vor und nach dem Essen serviert.

Mehr und mehr dringt das Bier vor. Wer in China Bier trinken will, muß längst nicht mehr ausländisches Exportbier kaufen. Über 700 chinesische Brauereien, davon an die 30 Großbrauereien, sorgen mittlerweile dafür, daß Chinesen ihren Bierdurst aus heimischer Quelle stillen können. Fast 170 Millionen Hektoliter Bier flossen allein 1997 durch chinesische Kehlen. (Zum Vergleich Deutschlands Bierkonsum 1997: Knapp 120 Millionen Hektoliter.)

Trotzdem ist und bleibt der Tee das dominierende Getränk.

Tee wird pur getrunken, ohne Zucker, Zitrone oder Milch. Tee wird immer und überall getrunken. Es gibt Hunderte von Teesorten. Man unterscheidet zwischen zwei Hauptkategorien, dem roten (im Westen „schwarz“ genannten) und dem grünen Tee. Dazu kommen Jasmintee und diverse Kräutertees.

Übrigens: Tee wird heiß oder kalt getrunken. Heißer Tee hilft am besten gegen Durst, kalter Kräutertee gegen Schweißausbruch. Entscheidend dafür, ob ein Tee heiß oder kalt getrunken wird, sind die jeweils darin enthaltenen Wirkstoffe. Sie spielen die Hauptrolle in der chinesischen Teeologie.

Warum trinkt der Chinese Tee? Ein Kaiser aus der Mandschu-Dynastie, Kaiser Hongli (Qianlong, 1736–1796) hat den Grund beschrieben, der noch immer gilt: „Schmecken und fühlen kannst du ihn, doch nicht beschreiben, den köstlichen Zustand der Ruhe, den der Tee hervorbringt, jener unschätzbare Trank.“

Zu großen, festlichen Essen, bei geselligen Anlässen und anderen Trinkgelegenheiten werden auch schwerer Reiswein und harte Mais- und Hirseschnäpse genossen – und das nicht selten reichlich.

Wie schaut es mit Pepsi, Cola, Fanta usw. aus?

Der Werbung nach sind diese West-Drinks im Vormarsch – so wie das Kaffeetrinken, die Fast-Food-Ketten, McDonalds an ihrer Spitze. Stehen chinesische Eßgewohnheiten und Chinas Eßkultur gar vor einer „Kulturrevolution“? Eine bange Frage, mit deren Antwort man zögert, wenn man nicht nur chinesische Jugendliche, sondern ganze Familien bei McDonalds versammelt sieht ...

Abb. 12: Coffee Bars sind auf dem Vormarsch. Kaffee gilt als ein neues Lebenselixier.

Immerhin gibt es bereits heute rund 120 McDonalds-Restaurants in 18 chinesischen Städten, findet man nicht nur in Beijing und Shanghai amerikanische Steakhäuser und bayerische Bräustüberl mit Leberkäs und Weißwurst auf der Speisekarte. Eine grundsätzliche Veränderung der traditionellen Koch- und Eßgewohnheiten sollte daraus nicht vorschnell abgeleitet werden.

Freizeitvergnügen auf chinesisch

Das höchste Vergnügen, jedenfalls die schönste Freizeitbeschäftigung der meisten Chinesen ist das Essen in fröhlicher Runde. Chinesen sind eben auch beim Essen nicht gern allein. Als einsamer Esser hätte man ja nichts zum Lachen – und Chinesen lachen für ihr Leben gern. Das läßt sich am besten in Restaurants beobachten. Da sitzen Tafelrunden, zu denen meistens acht, oft noch mehr Personen gehören, um einen großen runden Eßtisch herum. Gemeinsam werden unterschiedliche Gerichte bestellt, der Bestellung gehen lebhafte Debatten voraus. Gemeinsam wird das Servierte genossen, wobei jeder von allen bestellten Speisen nimmt, also eine Vielfalt von Gerichten genießt.

Ob es sich um eine Einladung ins Restaurant handelt oder um eine Bewirtung zu Hause, das gemeinsame Genießen findet weder in „gedämpfter Atmosphäre“ noch gar in schweigsamer Runde statt. Man plaudert, debattiert, lacht viel, lacht laut – und ißt. Das kann sich bis zur lärmenden Ausgelassenheit steigern. Wenn Chinesen feiern, steht im Mittelpunkt immer ausgiebiges Tafeln, wird über kurz oder lang gesungen und gelacht; man erzählt lauthals Witze, Rätsel werden geraten und reihum wird jeder zum Gaudium aller „durch den Kakao gezogen“.

Chinesen kommen zusammen, sie tun das so oft wie möglich, um sich zu amüsieren, um lustig zu sein.

Natürlich genießen Chinesen auch noch andere Freizeitvergnügungen. Allerdings konzentriert sich die Freizeit der Chinesen nicht auf Wochenenden oder Feiertage. Arbeitsbedingt kann der Frei-Tag auch ein Montag, Dienstag oder Mittwoch sein. Das für den Westen typische arbeitsfreie Weekend kennt der Chinese nicht. Deshalb herrscht jeden Tag in Freizeitanlagen, kulturellen Sehenswürdigkeiten, Kinos und auch in Geschäften ein Riesenandrang von Menschen, die gerade an diesem Wochentag frei haben. Niemanden stört dieser Andrang, Chinesen befinden sich gern in lebhafter, lautstarker Gesellschaft.

Selbstverständlich geht es auf dem Land auch in Sachen Freizeit entschieden ruhiger zu. Viele der Freizeitvergnügungen, die in den Städten geboten werden, sind auf den Dörfern nicht zu finden. Kinos, Theater, Discos und Restaurants gibt es nur in den Städten. In den Dörfern wird auch bei weitem nicht soviel gefeiert. Man lädt nicht in Restaurants ein, da das nächstbeste sowieso meilenweit entfernt wäre – man bewirtet Verwandte, Freunde und Nachbarn daheim.

Zwei Freizeitvergnügungen sind sowohl in der Stadt als auch auf dem Dorf gleichermaßen beliebt: Fernsehen und Spiele. Nicht in allen ländlichen Regionen können die auf den rund 20 Kanälen ausgestrahlten Fernsehprogramme empfangen werden. In manchen abgelegenen Gegenden gibt es noch immer keine Stromversorgung. Aber da, wo es Strom gibt, stehen auch Fernsehantennen auf den Häusern, ist das Fernsehen beliebteste Feierabendbeschäftigung. Man sieht mit Vorliebe amerikanische und deutsche Serien, Derrick, Lindenstraße ...

Bei nicht wenigen Chinesen, sowohl bei Stadt- als auch Landbewohnern, ist die Lust am Spielen, auch an Glücksspielen, noch größer als die am Fernsehen. Es wird zwar nicht mehr um Haus und Hof gespielt, aber auch kleinere, relativ harmlose Einsätze machen beispielsweise das traditionelle Majiang-Spiel reizvoll. Den angeblich in jedem Chinesen schlummernden Glücksspiel-Kitzel nutzt und fördert inzwischen auch das Fernsehen. Die Einführung einer Fernsehlotterie im Frühjahr 1996 stellte sich, wie nicht anders zu erwarten, als Erfolg heraus. Bereits für die erste Ziehung wurden mehr als eine Million Lottoscheine verkauft. Glücksspiele sind von jeher eine weitverbreitete Leidenschaft der Chinesen. Eine neue Leidenschaft hat sich sowohl unter jüngeren als auch älteren Menschen und hauptsächlich in den Städten breitgemacht: Tanzlust.

Es gibt kaum noch eine Danwei, die nicht wenigstens einmal in der Woche eine Tanzpartie organisieren würde. Die Discos in den Großstädten schießen wie Pilze aus dem Boden und sind fast jede Nacht überfüllt. Das „Disco-Fieber" hatte die Partei zunächst ziemlich aufgeregt. Aus erboster Ablehnung ist inzwischen mehr als nur Duldung geworden. Man empfiehlt Disco-Musik als gymnastische Lockerungsübung sogar den älteren Leuten. Wer frühmorgens spazieren geht, kann auf Senioren-Gruppen stoßen, die nach heißer Disco-Musik – aber auch zu Walzer- und Tangomelodien – Arme und Hüften schwingen. Das von Millionen allmorgendlich betriebene Schattenboxen (taijiquan) ist offensichtlich dabei, die westlichen Tänze zu integrieren. Wieder ein typischer Fall von chinesischer Assimilation, von Anpassung westlicher „Importe" an das überliefert Chinesische.

Ganz egal, welcher Freizeitbeschäftigung Chinesen nachgehen, sie muß Vergnügen machen. Das gilt insbesondere für körperliche Aktivitäten, die bei uns nicht gerade selten mit solcher ernsthaften Verbissenheit betrieben werden, daß kaum noch von Vergnügen zu sprechen ist. Chinesen sind beispielsweise keine Extremwanderer, weder mit dem Rad noch zu Fuß. Sie setzen sich nicht Ziele, um diese völlig erschöpft zu erreichen. Sie schlendern dahin, wollen auch da nicht nur den Körper „ertüchtigen", sondern der Seele Gutes tun.

Diese Einstellung mag der Grund sein, daß es zwar auch in China Sportvereine, jedoch nur ausnahmsweise Spitzensport im westlichen Sinne gibt.

Könnte sich das – und überhaupt die Einstellung zum Freizeitvergnügen – jetzt allmählich ändern? Wird es zu einem Wandel des Freizeitverhaltens kommen, wenn es für immer mehr Chinesen nicht nur den allwöchentlichen Frei-Tag, sondern einen mehrwöchigen Jahresurlaub gibt? Noch arbeitet der Großteil der Bevölkerung Chinas nach dem Prinzip „sechs Tage Arbeit – ein Tag Freizeit".

Bereits heute werden die Freizeitangebote in den Städten von der jungen Generation so intensiv genutzt, daß kaum noch Zeit für das Vergnügen bleibt, in froher Gesellschaft zu tafeln, zu plaudern, kurzum, sich traditionell zu vergnügen. Man besucht Karaoke-Clubs, Discos, Bowling-Centers, Kinos und das an drei bis vier Nächten pro Woche. Die Vergnügungslokale in den Städten haben in der Regel bis weit nach Mitternacht geöffnet. Man amüsiert sich immer häufiger allein oder zu zweit – ohne Familie und auf keinen Fall zu Hause.

Von einem grundsätzlichen Wandel in der Einstellung zum „Vergnügen" könnte allerdings erst gesprochen werden, wenn die Freude am Essen und Lachen, der Spaß an froher Gemeinschaft schwinden würde, wenn eine Vielzahl Chinesen das ungesellige dem geselligen Amüsement vorzöge. Das ist bis jetzt jedoch keineswegs der Fall.

Wohnen und Bauen – der alte und der neue Stil

Auch in der Architektur und der Wohnkultur gibt es Traditionen, die wir als das „typisch Chinesische" betrachten. Natürlich werden dabei die armseligen, zugigen Einraumhütten mit Ziegeldach und Lehmfußboden, in denen in alter Zeit die Bauern lebten, ausgeblendet. Die Masse der Chinesen, das war schon immer die Landbevölkerung, führte auch zu den Glanzzeiten des chinesischen Reiches ein kärgliches Leben.

Was Touristen bestaunen, wovon Kunstbegeisterte und viele westliche Esoteriker fasziniert sind, was heute als chinesische Wohnkultur und Baukunst bewundert wird, konnten sich stets

Abb. 13: Straßenszene in Beijing.

nur relativ wenige Chinesen, hauptsächlich die in den Städten, leisten. Sie wohnten in Häusern, welche traditionell chinesisch angelegt und gebaut worden sind.

Was ist das Traditionelle am chinesischen Bauen und Wohnen?

Ist es die Leichtigkeit der oft mehrfach gestuften Dächer, die mit ihren geschwungenen Flächen, gekurvten Kanten und weiten Überhängen den Kontrapunkt zu der in sich geschlossenen, schlichten Form des Baukörpers bilden?

Diese architektonischen Elemente sind das Traditionelle und Augenfällige an chinesischer Palast- und Wohnarchitektur.

Wesentlich jedoch sind die Strukturelemente, die das Bauen und Wohnen über Jahrtausende hin bestimmten. Sie folgen der Welt-Anschauung, der Kosmologie des chinesischen Universalismus, dessen Wurzeln bis in die ferne Bronzezeit zurückverfolgt werden können. Alles, auch die Stadtanlage, die Paläste, Tempel, der Wohnungsbau, selbst das kleinste Haus soll die Ordnung des Universums achten und abbilden.

Eine teils magische, teils systematisierte, geometrisch gedachte, jedenfalls durch geometrische Formen symbolisierte Weltordnung.

Es ist das Grundgesetz dieser Ordnung, daß alles zusammenhängt und alle Zusammenhänge, also alles Geschehen, vom Dualismus der yang und yin genannten Kräfte beeinflußt wird.

Aber nicht nur yang und yin sind zu berücksichtigen. Es gibt noch andere mächtige Kräfte: die Gruppe der „Fünf Elemente" Holz, Feuer, Erde, Metall und Wasser. Keine trägen Elemente, sondern verwandlungsfähige, dynamische Energieformen, die in allen natürlichen Vorgängen am Werk sind. Dann ist da noch die eigentlich primäre Energie, die alles durchdringende, alles bewegende Lebensenergie Qi.

Die Welt selbst besteht aus zwei geometrisch symbolisierten Formen: Aus der Erde, die man sich als Viereck vorstellte, und aus dem Himmel, dem man die vollkommene Rundheit des Kreises zusprach. Diese Welt-Geometrie ist von kosmischen Kräften beherrscht, die nicht ignoriert werden dürfen. Der Mensch muß bemüht sein, diese Kräfte bei allem, was er tut, zu berücksichtigen und in Harmonie mit ihnen zu leben.

Aus dieser Erkenntnis erwuchs im Laufe von Jahrtausenden die Feng-Shui-Lehre, die man beim Bauen und auch beim Einrichten von Häusern anwandte.

Feng-Shui (Feng = Wind, Shui = Wasser) wird in China nach wie vor eingesetzt, um Häusern und deren Einrichtungen positive Energien zu geben. Das andauernde Vorhandensein solcher Energien ist Voraussetzung dafür, daß die Hausbewohner ein gutes, erfolgreiches und glückliches Leben führen können.

Feng-Shui ist eine sehr komplizierte, abertausend Regeln umfassende Lehre. Sie läßt sich als eine Kombination von Geomantie, mit deren Hilfe „magische" Orte aufgespürt werden, an denen kosmische Energien besonders wirksam sind, und kosmischer Harmonielehre bezeichnen. Früher wurde jede bauliche Anlage nach ihren Regeln geplant. Man achtete auf eine glückbringende Lage, Gebäudeausrichtung und Bauausführung.

Wohnanlagen solcher Art sind heute nur noch in den Altstädten zu finden, zum Beispiel in der Beijinger Altstadt. Die größeren dieser sogenannten Hofhaus-Anlagen wurden zwar nach 1949, nach Vertreibung beziehungsweise Enteignung ihrer in der Regel reichen Besitzer, als Schulen oder Kindergärten genutzt. Gerade diese „umgenutzten" Häuser geben jedoch immer noch einen guten Eindruck vom „altchinesischen Wohnstil".

Die Hofhäuser sind für Großfamilien gebaut worden. Eltern, Kinder, Großeltern, entfernte Verwandte, auch Nebenfrauen des Hausherrn und Familienoberhauptes sowie die Dienerschaft lebten in einer solchen Anlage zusammen.

Eine Hofhaus-Anlage besteht aus einer Anzahl von eingeschossigen Einzelgebäuden, die in aller Regel um mehrere Höfe gruppiert sind. Alle Gebäude sind durch schmale überdachte Gänge miteinander verbunden. Die Anlage besitzt eine nordsüdliche Mittelachse und bildet ein langgestrecktes Rechteck. Die größeren Gebäude liegen quer zur Mittelachse, öffnen sich nach Süden, dem Sitz des Yang, und sind nach Norden, dem Sitz des Yin, geschlossen. Hohe Mauern umschließen die Anlage. Sie bieten nicht nur Schutz vor der Umwelt, sondern vor allem gegen böse Geister. Die wenigen Öffnungen in der Umfassungsmauer sind schmal und so gelegen, daß der Blick in das Innere der Anlage verwehrt ist.

Seit dem Ende der Kaiserzeit wurden keine solche Hofhaus-Anlagen mehr gebaut. Es wird wenig getan, um diese traditionellen Wohnstätten zu erhalten. Nur ein Fünftel der Hofhausquartiere wird derzeit noch als erhaltungswürdig angesehen. Sowohl in Beijing als auch in anderen chinesischen Städten hat sich in den 50er, 60er und 70er Jahren die westliche, industrielle Bauweise auch im sozialistischen Wohnungsbau durchgesetzt.

Eine ständig wachsende Bevölkerungszahl (Beijing beispielsweise zählte 1949 weniger als 2 Millionen Einwohner, 1997 waren es über 10 Millionen) muß auf einer begrenzten Baufläche untergebracht werden. Man kann sagen, daß in Chinas Städten heute mindestens 80 Prozent der Bevölkerung in modern erbauten Häusern wohnt. Praktisch, wirtschaftlich und, wenn möglich, schön – nach dieser Parole wurde in den Jahrzehnten nach 1949 überall gebaut. Man ging dabei nach dem „Prinzip der sechs Einheitlichkeiten" vor: einheitliche Planung, einheitliche Finanzierung, einheitlicher Entwurf, einheitliche Produktion, einheitliche Wohnungsvergabe und einheitliche Wohnungsverwaltung.

Da blieb kein Raum für kosmische Harmonie, für Feng-Shui. Sozialistische „Einheitlichkeit" prägte den „neuen Wohnstil" in den Städten. Inwieweit das nun umgesteuert wird, ob nicht nur die sehr teueren Luxuswohnungen, sondern auch die Neubauten für weniger Betuchte „chinesische Akzente" bekommen, wird sich zeigen.

Zur Zeit wird enorm viel und durchaus in einem „neuen Stil“ gebaut, der die westliche Moderne, auch Postmoderne, zum Teil kopiert, großteils jedoch assimiliert. Man baut jetzt tatsächlich chinesischer als in den vergangenen Jahrzehnten. Allerdings läßt die Ausstattung der meisten Neubauwohnungen der letzten Jahre zu wünschen übrig. Diese Wohnungen sind noch kleiner als die in den 50er und 60er Jahren gebauten. Viele verfügen über kein Badezimmer, haben nur eine enge Toilette sowie eine Kochecke.

Nur sehr gut Verdienende können sich heute eine größere oder gar eine Komfortwohnung leisten, wobei gar nicht sicher ist, ob sie auch eine bekommen. In Chinas Städten herrscht trotz anhaltenden Baubooms Wohnungsnot. Besser ist die Wohnungslage auf dem Land, wo seit Ende der 70er Jahre Bauern eigene Häuser bauen dürfen – in der Größe, die sie sich leisten können, so modern oder so traditionell, wie sie wollen.

Mondkalender, Festkalender

In China folgt man seit Gründung der Volksrepublik einer doppelten Zeitrechnung, der offiziellen und der traditionellen.

Die offizielle Zeitrechnung wird vom westlichen, international gültigen Gregorianischen Kalender, die traditionelle, chinesische, vom Mondkalender bestimmt.

So kommt es, daß in China jedes Jahr zweimal Neujahr ist: Wie fast überall in der (westlichen) Welt am 1. Januar – und dann noch einmal am ersten Tag des ersten Mondmonats. Dieser chinesische Neujahrstag fällt, jedes Jahr anders, auf einen Tag zwischen dem 21. Januar und dem 19. Februar gregorianischer Zeitrechnung.

Maßgebend für den etwa seit dem 3. Jahrtausend vor Christus gültigen chinesischen Kalender sind die Erdumkreisungen des Mondes und nicht der Umlauf der Erde um die Sonne.

Die Mondorientierung bringt es mit sich, daß ein Mondkalenderjahr nur 354 Tage zählt und in zwölf Monate mit je 29,5 Tagen eingeteilt ist. Neumond bezeichnet den Monatsbeginn, Vollmond die Monatsmitte. Alle dreißig Monate wird ein Schaltmonat eingeschoben, um die Differenz zu den 365 Tagen Umlaufzeit der Erde um die Sonne auszugleichen.

Basis des Mondkalenders ist ein Zyklus von 60 Jahren, der wiederum in fünf Jahresabschnitte von je zwölf Jahren aufgeteilt wurde. Diese zwölf Jahre sind in zwölf Tierkreiszeichen unterteilt. Jeder der 12-Jahres-Abschnitte beginnt mit dem Jahr der Ratte, dem die Jahre des Büffels, Tigers, Hasen, Drachen, der Schlange, des Pferdes, Schafes, Affen, Hahnes, Hundes und des Schweines folgen.

Viele Chinesen glauben fest daran, daß jedes der Tiere seine besondere Bedeutung hat, sein jeweiliges Jahr und die Menschen, die in diesem Jahr geboren werden, schicksalhaft beeinflußt. Der Ratte werden zum Beispiel Fleiß und Bescheidenheit zugeschrieben, dem Büffel Geduld und Beharrlichkeit, dem Pferd Tatendrang und scharfer Verstand, der Drache bürgt für Wohlstand und langes Leben, der Hahn für Wissensdurst und Selbstsicherheit ...

Der Mondkalender wird auch Bauernkalender genannt, weil die chinesischen Bauern sich und ihre Arbeit immer noch nach ihm richten. Die Bauern sind es auch, die jedes der vom Mondkalender bestimmten traditionellen Feste besonders ausgiebig, nicht selten sogar ausschweifend feiern.

Das erste Fest ist das Frühlingsfest, mit dem das alte (Mond-) Jahr verabschiedet und das neue begrüßt wird. Chunjie heißt es, der erste Tag des ersten Mondmonats ist sein Höhepunkt.

Eigentlich dauert das Frühlingsfest nur drei Tage, tatsächlich zieht es sich über Wochen hin. Die Vorbereitungszeit beginnt, insbesondere in ländlichen Gegenden, bereits am 8. Tag des 12. Mondmonats. Überall in China, in Stadt und Land, findet am 23. Tag des 12. Mondmonats das Vorfest, das sogenannte „kleine Silvester“ statt. Das ist der Ehrentag des Küchengottes Zaojun. An diesem Tag fährt er zur „Berichterstattung“ in den Himmel. Das ganze Jahr über hat er die Menschen beobachtet und über das Verhalten der Familien buchgeführt. Nun ist es Zeit, dem Himmelsherrn, dem Jadekaiser, Meldung zu machen. Um die Berichterstattung positiv zu beinflussen, wird Zaojun ein Festmahl bereitet, das im wesentlichen aus Süßigkeiten besteht, die seine Worte im Himmel versüßen sollen.

Während der letzten Tage des alten Mondjahres werden Geschenke besorgt, Haus oder Wohnung geputzt, Einkäufe für den Festschmaus getätigt. Nach Abschluß aller Vorbereitungen befestigt man an Haus- und Wohnungstüren rote Papierstreifen mit

Segenswünschen für ein glückliches neues Jahr. Zudem hängen an den meisten Türen Neujahrsbilder mit verschiedenen Motiven, die alle den Wunsch nach Wohlstand, Glück und einer großen Familie zum Ausdruck bringen. Am Vorabend des Neujahrstages wurden früher Feuerwerkskörper gezündet – eine gewaltige Knallerei, die auch an den folgenden Tagen kein Ende fand, was jedoch seit einigen Jahren verboten ist. Um das Verbot nach dem „Bambusprinzip" zu umgehen, ist es üblich geworden, „Deko-Knaller" aufzuhängen. Sie schauen aus wie Feuerwerkskörper, lassen sich nicht entzünden und machen aber mit Hilfe eines eingebauten Tonbands einen Mordskrach.

Am Neujahrstag überreicht man Geschenke. Im Mittelpunkt des Tages steht das Familientreffen mit großem Festessen. Vielerorts finden Straßenfeste statt. Hauptbeschäftigung an den folgenden Tagen: Besuche machen, Besuche empfangen und vor allem – Essen!

Kein Fest wird ausgelassener und länger gefeiert: Das Frühlingsfest, diese Mischung aus Weihnachten, Silvester, Neujahr und Fasching, erstreckt sich vom ersten Neumond bis zum ersten Vollmond des Jahres. Am 15. des ersten Mondmonats beendet das Laternenfest die Frühlingsfest-Wochen.

Als nächstes Fest steht am 12. Tag des 3. Monats Qinmingjie im Mondkalender, das Fest der Toten, das „Fest der Klarheit und Helligkeit". Wenn die Erde zu neuem Leben erwacht und der Frühling einzieht, gedenken die Chinesen ihrer Toten. Der Gräberbesuch wird mit einem fröhlichen Ausflug verbunden. Die Familie läßt sich am Grab der verstorbenen Angehörigen zu einem Picknick nieder, vorausgesetzt, die Witterung erlaubt diese Art Totenfeier und Ahnengedenken. Dieser Festtag war übrigens bis 1989 offiziell verboten. Seitdem aber wird er wieder ganz nach Tradition gefeiert – als geselliges, frohes Familienfest.

Das Drachenbootfest (Duanwujie) feiert man hauptsächlich in Südchina – am 5. Tag des 5. Mondmonats, also Ende Mai, Anfang Juni.

Der legendäre Anlaß dieses Festes: Der Staatsmann und Dichter Qu Yuan (378–340 v.u.Z.) ertränkte sich in einem Fluß, um auf diese Weise eine Reform durchzusetzen. Da er beim Volk sehr beliebt war, stürzte sich dieses in die Boote und versuchte ihn zu retten, was jedoch nicht gelang. In Erinnerung daran entwickelte sich der Brauch, Opferspeisen in den Fluß zu werfen und Drachenboot-Rennen zu veranstalten. Heute ißt man die Opferspeisen lieber selbst, die Drachenbootrennen finden allerdings nach wie vor statt. Die Drachenboote sind schmal und bis zu 40 Meter lang. Sie werden von 60 oder auch 80 Ruderern pfeilschnell vorangetrieben. Am Bug tragen sie einen Drachenkopf, am Heck einen Drachenschwanz.

Das Mitherbst- oder Mondfest (Zhongqiujie) feiert man in ganz China am 15. Tag des 8. Mondmonats. Zu diesem Zeitpunkt sei der Mond „richtig rund" – und der Himmel ist meist völlig klar.

Am Abend des Mondfestes versammeln sich deshalb die Chinesen in den Parks oder auf Hügeln, um gemeinsam den Mond zu betrachten.

Mit dem Mondfest wird nicht nur das Ende der Erntezeit begangen, sondern vor allem der Institution der Familie gehuldigt. Der Vollmond, ein vollkommen geschlossener Kreis, symbolisiert den Familienzusammenhalt und damit höchste Harmonie. Man schenkt an diesem Tag Verwandten, aber auch den Freunden der Familie hübsch verpackte runde, flache Mondkuchen, gefülltes Weizengebäck, das mit einem roten Glückssymbol verziert ist.

Es gibt in China nicht nur die traditionellen Mondkalender-Feiertage, sondern auch die vom Staat eingeführten, nach dem Gregorianischen Kalender festgelegten Feiertage: Offizieller Neujahrstag, Internationaler Tag der Frau (8. März), Tag der Arbeit (1. Mai), Tag der Jugend (4. Mai), Tag des Kindes (1. Juni), Gründung der Kommunistischen Partei Chinas (1. Juli), Gründung der Volksbefreiungsarmee (1. August), Nationalfeiertag zum Gedenken an die Gründung der Volksrepublik (1. Oktober).

Lebendige Kultur

Kulturreisen nach China sind seit den 80er Jahren Bestseller im gehobenen Angebot der westlichen Tourismusindustrie. Die Zahl der Europäer und Amerikaner, die „der Kultur wegen" China besuchen, geht in die Millionen. Was sie besichtigen und kennenlernen, sind zumeist historische Kulturdenkmäler beziehungsweise traditionelle Kulturveranstaltungen. Wer Zeit für eine längere Chinareise aufbringen kann und entsprechendes Interesse hat,

Abb. 14: Szene in der Peking-Oper.

wird nicht nur altchinesische Baukunst bewundern, sondern auch dem traditionellen chinesischen Kunsthandwerk und der chinesischen Musik begegnen. Zum Programm gehört dann – geradezu als ein Muß – der Besuch einer Aufführung der Peking-Oper. Dabei wird der Tourist wahrscheinlich nur der prächtigen Ausstattung und der unglaublich gekonnten Akrobatik Gefallen abgewinnen. Er wird sich wundern, daß so ein Spektakel angeblich die Quintessenz chinesischer Kultur sein soll. Um diese in allen besseren Reiseführern zu findende Behauptung verstehen zu können, muß man tiefer in das Wesen der chinesischen Oper vordringen, was zeitraubend und anstrengend ist.

Die chinesische Oper hat vier Hauptelemente: Musik und Gesang, Dialog, Pantomime, Akrobatik. Es geht um die Darstellung von Geschichten, die entweder auf Volksmärchen, Legenden oder auf Erzählungen der klassischen Romanliteratur zurückgehen. Es bedarf tatsächlich literarischer Kenntnisse, um der Handlung folgen, sie überhaupt verstehen zu können. Das allein reicht jedoch nicht aus: Man muß um die Bedeutung jeder Handbewegung, jeder Mimik, jedes Tonschritts der den Gesang begleitenden Musik und auch jeder Maske und jedes Kostüms wissen, um dem stundenlangen Geschehen auf der Bühne Sinn beimessen zu können.

Die augen- und ohrenfällige künstlerische, formal höchst komplizierte Darstellung bezieht ihre Sinnhaftigkeit letztlich aus einer nach westlicher Sicht irrationalen Symbolik.

Insofern ist die chinesische Oper „Quintessenz chinesischer Kultur“: Symbolistische, ins Magische reichende Irrationalität in streng formaler Rationalität – der Wesenszug für alle Ausformungen chinesischer Kultur!

Diese inhaltliche sowie formale Bezogenheit auf etwas, das hinter dem vordergründig Sichtbaren steht, gibt der traditionellen chinesischen Kultur ihre Einzigartigkeit und Ganzheitlichkeit. Hinter der Realität steht eine Welt von Symbolen, die in Beziehung bringen – zum Magischen, Kosmischen, zum „Weltganzen“. Gebäude- und Bildstrukturen, Versmaß und Tonschritte, Farben und Formen, Tiere und Pflanzen haben Symbolcharakter. Eine Meta-Welt steht hinter der realen Welt: „Metaphysik“ chinesischer Kultur.

Diese Symbol-Welt drückt sich zuallererst in Sprache und Schrift aus. Es ist bezeichnend, daß das chinesische Schriftzeichen für „Kultur“ in Übersetzung „Sprach- und Schriftwerdung“ bedeutet. Es ist keineswegs abwegig, die traditionelle chinesische Kultur, also die Kultur, die es seit Jahrtausenden gibt, als eine im Grunde literarische Kultur zu bezeichnen. Literaten formulierten die Lehren einer sich in Symbolen ausdrückenden, auf Harmonie auszurichtenden Weltordnung, der Architektur, bildende Künste, Musik, Theater, die Literatur selbst, ja sogar die Kochkunst folgten.

Um diese Lehre und ihre Fortentwicklung mußten die Künstler wissen, wollten sie ihr folgen können.

Der seit Jahrtausenden gültige Grundsatz, daß Wissen der größte Schatz ist, galt insbesondere für das Kulturleben Chinas. Was ihm die eigentümliche und wahrscheinlich einzigartige Kontinuität gab und möglicherweise weiterhin gibt, ist die Achtung vor der Tradition, die als überliefertes Wissen und darauf fußende Wissensanwendung definiert werden kann.

Maler des 18. Jahrhunderts malten nicht viel anders als die des 10. Jahrhunderts. Über Jahrhunderte hinweg dieselbe Maltechnik, die gleichen Themen. Traditionelles Theater und die traditionelle chinesische Musik folgen sogar bis heute Regeln, die von der im

Jahre 626 vom Kaiser Taizong (Li Shimin) gegründeten Schule für Hofmusik aufgestellt wurden. Jahrhunderte alt sind die handwerklichen Techniken, sind Formen und Motive der Jadeschnitzerei, Keramik und Porzellankunst. Was Chinas Literatur angeht – auch sie blickt auf Jahrtausende zurück. Sie hatte zu jeder Zeit hohen, wenn nicht den höchsten Stellenwert in einer Kultur, die von Grund auf eine literarische, jedenfalls gelehrte genannt werden muß. Chinesen, die „gelehrt“ sein und damit hohes gesellschaftliches Ansehen genießen wollten, was die Voraussetzung für jede gehobene Laufbahn war, verfaßten Gedichte im „klassischen Stil“, das heißt nach überlieferten Versmaßen. Fast jeder dieser Dichter schrieb seine Werke in Schönschrift nieder, also in traditioneller Kalligraphie.

Die Zeit der „klassischen Romanliteratur“ erstreckte sich vom 12. bis zum Ende des 18. Jahrhunderts. Ihre Autoren bedienten sich einer Schriftsprache, die ihr hohes Niveau bereits im Laufe des ersten Jahrtausends v. u. Z. erreicht hatte.

Die klassischen Romane sind im Laufe der Jahrhunderte zum Allgemeingut des chinesischen Volkes geworden – und sie sind es noch heute. Sie haben in Redewendungen und Sprichwörtern auch in der modernen Alltagssprache Spuren hinterlassen. Sie werden nach wie vor verlegt und gelesen, auch von jungen Leuten. Man nimmt sie als Vorlagen für Bücher, Theaterstücke, Puppenspiel, Oper, Filme und Fernsehserien.

Abgesehen davon, daß klassische Romane, auch klassische Lyrik und Kalligraphie, traditionelle chinesische Oper und Musik weiter gelesen beziehungsweise gespielt werden, scheint heute die Kontinuität chinesischer Kunst abgebrochen zu sein. Das gilt offensichtlich für die Architektur und besonders für die Malerei: Zuerst kam in den Jahrzehnten nach dem Ende der Kaiserzeit die Hinwendung zur Westkultur. Später verlangte der Kommunismus vor allem von den Malern sozialistischen Realismus. Die Malerei hatte sich vom traditionell chinesischen Stil dem sowjetischen zuzuwenden. Seit den 80er Jahren, mit Beginn der Wirtschaftsreform, haben auch die chinesischen Maler wieder etwas mehr Freiheit. Viele, vor allem die jungen Maler, nutzen den erweiterten Spielraum nicht für eine Rückwendung zur vor-sozialistischen Tradition, für eine Anknüpfung an die Kontinuität, sondern zur Auseinandersetzung mit der westlichen Moderne.

Wohin der Weg der „chinesischen Avantgarde" führt, ist noch unklar. Es ist überhaupt völlig offen, ob die Versuche chinesischer Literaten, Maler, Theater- und Filmemacher, eine für China neue, modernere Richtung einzuschlagen, weiterführen werden, oder ob es zu einer von Staat und Partei gewollten und geförderten Renaissance der Tradition kommen wird.

Jedenfalls beschränkt sich die Reformpolitik Beijings bis heute hauptsächlich auf eine Liberalisierung der Wirtschaft. Freizügigkeit für das kulturelle Schaffen wird nur zögernd und in beschränktem Umfang eingeräumt. Dennoch befassen sich Malerei, Literatur, Theater und Film in vielfältigen Formen, mit Mut zur Kritik, viel Ironie und auch Phantasie nicht mit den klassischen Themen, sondern ohne Bezug zur traditionellen Symbolistik mit der Wirklichkeit des heutigen Chinas. Veränderungen sind im Gange, deren Weiterentwicklung noch nicht abzusehen ist – und von denen der normale Tourist kaum etwas mitbekommt. Der stellt erfreut fest, daß auch das „moderne China" die traditionelle Kultur bewahrt, daß auch der „moderne Chinese" stolz auf sie ist, und daß die chinesische Kultur die schreckliche Kulturrevolution Mao Zedongs überlebt hat.

Die neue Kunstszene

Peter Ludwig, ein bekannter deutscher Industrieller, Kunstsammler und Kunstmäzen, schenkte 1996 einen Teil seiner Sammlung dem Chinesischen Kunstmuseum in Beijing. Um den rund 100 geschenkten Gemälden einen würdigen Platz zu geben, wurde das „Ludwig-Museum für internationale Kunst" errichtet. Bei den Exponaten handelt es sich um Werke von 82 namhaften Malern der europäischen Moderne, darunter etliche von Pablo Picasso. Ludwig ging es darum, der „neuen Szene" in China, aber auch dem allgemeinen Kunstverständnis Anregung zu geben.

Zur gleichen Zeit erließ das Zentralkomitee der Kommunistischen Partei Chinas einen Beschluß, der den chinesischen Künstlern, Schriftstellern und Medienmachern ihre künftige Aufgabe vorgab: Sie haben dem Volk „gesunde" geistige Nahrung zu liefern und müssen ideologisch und moralisch gefestigt sein. Kunst und Literatur hat in Harmonie zur sozialistischen geistigen Zivilisation zu stehen.

Dieser Beschluß sowie die daraus abgeleiteten Direktiven richteten sich gegen als negativ bezeichnete Trends wie extremer Individualismus, subjektivistische Auffassungen, Antirationalismus, Antiheldentum. Ausdrücklich abgelehnt wird die Anschauung, Kunst und Literatur sei „Gefühl" und eine sogenannte „Existenzform des freien Geistes".

Zweifellos aus Sorge vor systemkritischen Einflüssen lehnt die kommunistische Führung die aus dem Westen importierte moderne Kunst ab und sucht auf dem Wege von Verwaltungsmaßnahmen westlich inspirierte Kunst zu behindern. Ausstellungen von jungen Malern werden verboten, Künstler von Sicherheitsbeamten überwacht und sogar zeitweilig verhaftet.

Grundsätzlich kann man allerdings in China malen, was man will, mißliebige Bilder werden auch nicht konfisziert und zerstört, aber das Leben der Künstler ist eingeschränkt und unter Kontrolle gestellt. Trotzdem gibt es eine unabhängige Kunstszene und schätzungsweise zwischen zwei- und dreihundert Ateliers, in denen Avantgarde-Malerei geschaffen wird. Darunter sind Werke, die sich in individualistischer Weise mit westlichen Kunstrichtungen und der Realität der chinesischen Gesellschaft mit all ihren Problemen auseinandersetzen.

Die chinesischen Künstler haben westliche Vorbilder wie zum Beispiel Marcel Duchamp. Einige lösen sich von der Malerei, gestalten wie Chen Yanyin und Gu Daxin Installationen oder wenden sich der Konzeptkunst zu. Eine Richtung mit relativ vielen Vertretern bezeichnet sich als „Zynischer Realismus", der bis hin zum Polit-Pop eines Wang Guangyi reicht.

Präsenz und Erfolg dieser Künstler sind in China selbst gering. Einige leben recht gut davon, daß sie von der westlichen Kunstkritik hochgelobt werden und einen Großteil ihrer Werke ins Ausland verkaufen. Die meisten Künstler leben von dem, was sie mit einer „normalen" beruflichen Tätigkeit verdienen. Nicht wenige „unabhängige Maler" sind bei Institutionen wie Kunsthochschulen und Museen angestellt.

Anders als die westlich inspirierte Malerei, die selten präsent wird, hat sich die chinesische Pop- und Rockmusik unüberhörbar öffentlich durchgesetzt. Die Popszene sieht noch heute im ersten

Beijinger Rockkonzert, das unter dem Namen „1990 Konzert Moderne Musik in Beijing" über die Bühne gehen durfte, den entscheidenden Durchbruch. Was in den 80er Jahren jugendliche Subkultur und auch Teil einer studentischen Protestbewegung war, wurde nun als Produkt moderner Musikentwicklung auch offiziell zumindest geduldet, ja sogar als wirtschaftlich bedeutsamer Kulturfaktor anerkannt.

Ein Beispiel dafür, wie sich unabhängige Popmusik und Literatur ergänzen, ja verbinden, ist der Schriftsteller Wang Shuo, der einen eigenen Karaoke-Club eröffnete, um seine frechen Texte rockend und rappend einem begeisterten Publikum vorzutragen. Ansonsten ist die Literatur-Szene weniger von Wagemut oder gar Waghalsigkeit bestimmt, sondern von der Formel „Menglong". Das bedeutet wörtlich „mattes Mondlicht", sinngemäß nebulös, dunstig, verschwommen – und genau das ist die Richtung, der die „junge Lyrik" sowohl stilistisch als auch inhaltlich folgt.

Film in China

Seit 1978 nehmen Filme aus der Volksrepublik an internationalen Wettbewerben teil. Seit 1990 häufen sich Auszeichnungen für das chinesische Filmschaffen. Beim 14. Filmfestival von Montreal erhielt Teng Wenji für seine „Geschichten am Gelben Fluß" den Preis für die beste Regie. Ein Jahr darauf, 1991, wurde „Judou" von Zhang Yimou als bester ausländischer Film für den Oscar nominiert. Zhangs nächster Film „Qiu Ju" wurde 1992 in Venedig mit dem Goldenen Löwen ausgezeichnet. (Erst ab 1992 durften Zhangs Filme, zu ihnen zählt auch „Das rote Kornfeld", in China gezeigt werden.) Der opulente Ausstattungsfilm „Lebe wohl, meine Konkubine" erhielt 1993 bei den Filmfestspielen von Cannes die Goldene Palme. 1998 sah eine weitere Ausstattungs- und Regiegroßtat von Zhang Yimou: Er inszenierte in der Verbotenen Stadt Beijings Puccinis „Turandot" mit internationaler Starbesetzung.

Innerhalb weniger Jahre hat sich der chinesische Film internationale Geltung erobern können. Seitdem geht es auch mit der chinesischen Filmindustrie steil aufwärts. Sie produziert immerhin zwischen 150 und 200 Filme pro Jahr. Ihre Wirtschaftskraft hat durch die Eingliederung Hongkongs weitere Stärkung erfahren: Die Kung-Fu- und Actionfilme aus Hongkong haben seit Jahrzehnten einen Weltmarkt. Die künstlerische Kraft des chinesischen Films wird weiterhin aus der Kreativität der Filmemacher in den Filmstudios von Beijing, Shanghai, Guangzhou, Wuxi und Xian erwachsen. Interessantes ist von der neuen Generation von chinesischen Filmemachern zu erwarten. Sie drehen zumeist ohne Unterstützung staatlicher Studios oder privater Kapitalgeber, also tatsächlich unabhängig, Filme, die ihre persönlichen Gefühle und die Stimmung einer großstädtischen Jugend ausdrücken. Vielleicht müssen diese Filme als Underground-Filme in Underground-Kinos laufen. Mit Gewißheit jedoch werden die jungen Filmer dem chinesischen Film, auch seinen Mainstream-Produktionen, Impulse geben. Voraussetzung dafür ist natürlich, daß der junge chinesische Film die Hürden der Zensur nehmen kann.

1993 wurde zwar das staatliche Monopol für den Vertrieb von Filmen aufgehoben, so daß jeder Produzent seine Filme direkt im In- und Ausland verkaufen kann, die Filmzensur besteht jedoch weiterhin. Sie läßt nur ganz selten Filme durchgehen, die allzu gesellschaftskritisch sind.

Auch der chinesische Film hat – wie alles in China – seine Geschichte. Bereits 1903 wurden in Shanghai die ersten Filme gedreht und öffentlich vorgeführt. Von 1913 bis 1949 entstanden in China rund 2000 Streifen. Die Zahl der Produktionen während des Mao-Kommunismus belief sich auf rund 6000 Filme. China war, seitdem die „Filmkunst" geboren wurde, das heißt die Bilder das Laufen lernten, ein hochproduktives Filmland.

Heute ist China übrigens auch ein Land der Filmimporte. Der Kinohit des Jahres 1998 war beispielsweise die Hollywood-Superproduktion „Titanic". Es konnte von einem wahren Titanic-Fieber gesprochen werden. Man sah den Film und kaufte sich den Soundtrack auf CD. Kaum ein Taxifahrer in Beijing, der nicht die „Titanic"-Musik laufen hat und darauf so stolz ist wie auf das Mao-Bild in seinem Wagen.

Alte und neue Medien

Die ersten gedruckten und regelmäßig öffentlich verbreiteten Mitteilungen erschienen in China vor mehr als tausend Jahren:

Kaiserliche Dekrete, Direktiven der Regierung, offizielle Bekanntmachungen verschiedenster Art ...

Zu Beginn des 12. Jahrhunderts erschienen die ersten Publikationen, die als eine Art Zeitung bezeichnet werden konnten und auf Holzdruckstöcken hergestellt wurden.

Mitte des 16. Jahrhunderts wurde es privaten Verlegern gestattet, nichtamtliche Zeitungen herauszugeben, in denen auch Vermischtes und Klatsch zu finden war.

Ein modernes Zeitungswesen entwickelte sich Ende des 19. Jahrhunderts. Bereits um 1910 gab es in China rund 500 Zeitungen. In den Jahren zwischen 1927 und 1949 erschienen in den von Nationalisten beherrschten Gebieten rund 3000, in den kommunistisch beherrschten etwa 1000 Zeitungen. Nach 1949 wurde die Pressevielfalt enorm beschnitten. 1978 erschienen in der Volksrepublik 186 Tageszeitungen und 930 Zeitschriften – die alle die Parteilinie zu verbreiten hatten. Heute zirkulieren in der Volksrepublik über 2000 Tageszeitungen und 7600 Wochenzeitschriften und Magazine. Sie unterliegen der staatlichen Kontrolle durch die Behörde für das Presse- und Publikationswesen.

Bücher werden in China seit dem 9. Jahrhundert gedruckt und verlegt. Zur Zeit gibt es in der Volksrepublik rund 500 Buchverlage, die jährlich zirka 100000 Titel veröffentlichen.

Rund 30 Prozent der jährlichen Neuerscheinungen entfallen auf die Sparte Naturwissenschaften/Technik, 32 Prozent auf Sozialwissenschaften, Politik und Recht, 15 Prozent auf Literatur und Kunst, knapp 16 Prozent auf das Erziehungswesen und sechs Prozent sind Kinderbücher. Soviel zum offiziellen Buchmarkt. Neben ihm florieren zwei inoffizielle Märkte: Raubdrucke und der „graue Markt“ der Titel, die unter der Ladentheke verkauft werden, weil sie entweder zur offiziell verpönten Trivialliteratur zählen oder zur gesetzlich verbotenen Pornographie gehören.

Kann man die Printmedien als weitverbreitet bezeichnen, so sind die elektronischen Medien Hörfunk und Fernsehen heute die eigentlichen, allgegenwärtigen Massenmedien.

Sie dienen nicht mehr der ideologischen Erziehung durch die Partei, davon ist man im Laufe der Reformjahre weit abgerückt, sie werden jedoch nach wie vor als Instrument politischer Aufklärung genutzt.

Rundfunk und Fernsehen genießen relativ viel Freiheit bei der Programmgestaltung und sie fungieren auch als Werbemedien, sie sind jedoch verpflichtet, Partei und Staat beim Vorantreiben der Reformpolitik sowie bei der Bewahrung politischer Stabilität zu unterstützen.

Dabei sind die derzeit rund 700 chinesischen Fernsehstationen jedoch gezwungen, um Einschaltquoten zu kämpfen. Diese werden ihnen vor allem von ausländischen, asiatischen TV-Unternehmen, die über Satelliten chinesische Programme ausstrahlen, streitig gemacht. Per Satellit können in ganz China chinesische Programme ausländischer Sender empfangen werden. Wie stark dieser das chinesische Fernsehen und damit die „politische Aufklärung" unterlaufende Empfang an Boden gewinnt, läßt sich auch daran ermessen, daß in China Jahr für Jahr weit über 500 000 Satellitenschüsseln gekauft werden.

Lust und Laster

Was die bürgerliche Revolution von 1911 beenden wollte, wurde dann unter der kommunistischen Herrschaft tatsächlich weitgehend abgeschafft: Die grundsätzliche Unterwerfung der Frauen unter die Herrschaft des Mannes.

Die konfuzianische Moral unterwarf die Frau vor der Ehe dem Vater, in der Ehe dem Mann und nach dessen Tod ihrem ältesten Sohn. Es gab so gut wie nichts, was sie selbst entscheiden durfte. Frauen nahmen es als ihre Bestimmung hin, Objekte der Männer zu sein. Sie mußten es bereits als kleine Mädchen erdulden, daß man ihre Füße bandagierte, die Zehen schnürte, bis sie abstarben, die Füße damit verstümmelte. Der schwankende, hilflose Gang der Frauen, ihre verkleinerten Füßchen, das erotisierte die Männer. Zudem versprach Mann sich von der Verstümmelung der Füße eine Kräftigung der Vaginalmuskulatur.

Abartige Sexuallüste hatten chinesische Männer wohl zu allen Zeiten. Zur Befriedigung der Lust auf Geschlechtsverkehr bedienten sie sich, klassische chinesische Romane sprechen davon, ausgefallener Praktiken – und beschränkten sich in der Regel nicht auf eine Frau. Dem Mann stand es zu, sich neben der ersten Gattin Nebenfrauen und Konkubinen zu halten.

Seit Jahrtausenden blühte in China die Prostitution, wurden Töchter von ihren Vätern an Bordelle verkauft, die „Blumenhäuser“ hießen. Für viele Frauen war es ein normales Schicksal, Konkubine oder Prostituierte zu werden. Das hat sich nach 1949 grundlegend geändert: Die Frau ist dem Mann in allen gesellschaftlichen Lebensbereichen gleichgestellt. Es wird nicht mehr als ihre Schicksalsbestimmung betrachtet, daß sie dem Mann unterworfen sein muß.

Der Umgang mit dem anderen Geschlecht ist in China durch eine Prüderie bestimmt, die nach westlicher Auffassung übertrieben erscheint. Das ändert sich zwar zusehends, insbesondere in den Großstädten, aber noch immer sind Sex und alle Themen der Sexualität tabuisiert. Voreheliche Beziehungen sind zwar keine Seltenheit, doch man spricht nicht offen darüber und hält sie so gut es geht versteckt. Das Sexualleben hat sich in der Ehe abzuspielen, Sexualität wird mit Geschlechtsverkehr in der Ehe gleichgesetzt.

Homosexualität ist in China wahrscheinlich nicht seltener als anderswo, sie ist aber kein Thema, das öffentlich erörtert wird. Homosexualität wird als Krankheit betrachtet. Selbstverständlich sind Pornographie und Prostitution verboten. Aber trotz des Berufsverbots für Prostituierte trifft man überall auf Frauen, die sich anbieten – und das in sehr aggressiver Weise. Nach Schätzungen von Behörden gehen landesweit mindestens 300 000 Frauen dem einst geachteten, heute verbotenen Gewerbe nach. Realistischere Schätzungen sprechen davon, daß weit über eine Million Chinesinnen in der Prostitution arbeiten. Die wenigsten davon sind dazu gezwungen worden, es ist Geldsucht und Konsumlust, die sie dazu treibt. Prostitution wird als Business betrachtet, das es der Frau erlaubt, ihre Gleichberechtigung auf profitable Weise zu nutzen. Prostituierte wollen schnell reich werden – und die meisten von ihnen schaffen das auch.

Die Behörden scheinen dagegen nichts ausrichten zu können, obwohl die Strafen verschärft worden sind. Die uralte Tradition der Verfügbarkeit des weiblichen Körpers als Ware ist offensichtlich erhalten geblieben, nun jedoch auch zum Nutzen der Frauen. Dabei geht die Prostitution neue Wege. Die einstigen „Blumenmädchen“ sind harte und clevere Geschäftsfrauen geworden. Sie betrachten sich nicht als benutzt, sie nutzen die männliche Lust als Businessmöglichkeit. Dafür arbeiten sie als Strichmädchen an Bahnhöfen, in Parks, vor Theatern und Hotels, als Call-Girls in Privatwohnungen und internationalen Luxus-Hotels, als Masseusen in Massage-Salons. Nicht wenige bieten ihre Dienste in Karaoke-Bars und anderen Nachtlokalen an. Sie „begleiten“ Gäste beim „Trinken, Tanzen und Singen“ – und danach.

Was die um sich greifende Prostitution, unter Mao schien sie ausgerottet zu sein, tatsächlich gefährlich macht, ist, daß sich in ihrem Umfeld Glücksspiel und Drogen und damit der Einfluß mafioser Banden verbreiten. Drogenhandel und Drogenkonsum nehmen zu. Man geht allerdings energisch dagegen vor. Von den rund 700000 in China registrierten Drogenabhängigen wurden angeblich fast die Hälfte in den letzten Jahren einer Zwangsentziehung unterworfen. Allein zwischen 1991 und 1995 hatte man rund 190000 in Drogenvergehen verwickelte Personen „gefaßt“ und über 5300 Drogenhändler zum Tode oder zu lebenslanger Haft verurteilt. Bis jetzt scheint es gelungen zu sein, die weitere Ausbreitung des Drogenmißbrauchs einzudämmen, sogar zurückzudrängen.

Die Eindämmung eines anderen Lasters, der Nikotinsucht, ist trotz Rauchverbot in der Öffentlichkeit und ständiger Anti-Raucher-Kampagnen offenbar unmöglich. Zirka ein Drittel der Chinesen sind starke Raucher, und ihre Zahl nimmt jährlich um zwei Prozent zu.

China ist mit 350 Millionen Tabakkonsumenten weltweit das Land mit den meisten Rauchern. China ist auch der größte Tabakanbauer der Welt.

Unausrottbar ist die Lust der Chinesen am Glücksspiel. Es gibt eine Vielzahl von Glücksspielen, vom Knobeln (caiquan) übers Becherspiel „Umdrehen und Aufdecken“ (fantan) bis hin zu Kartenspielen. Gespielt wird trotz der Strafbarkeit von Glücksspielen überall und von jedermann. Es ist nicht nur pure Spiellust, sondern vor allem die Geldgier, die dem alten Laster seit den 80er Jahren enormen Auftrieb gibt.

Nur ein Laster bereitet den Chinesen (noch) relativ wenig Lust, die Trunksucht. Jedenfalls ist der Alkoholismus in China noch nicht zu einer „Volksseuche“ geworden. Chinesen trinken gerne Bier, sie konsumieren beim Feiern starke Schnäpse, aber das „Volksgetränk“ ist nach wie vor der Tee. Coca Cola gewinnt an

Abb. 15: Zeitvertreib beim chinesischen Schach.

Beliebtheit, wird sogar nicht nur als anregendes Erfrischungsgetränk, sondern, nicht zuletzt des roten Schriftzugs auf den Flaschen wegen, als Glücksbringer betrachtet.

Gewiß sieht man in China Betrunkene, zumindest vom Alkohol Beschwingte. Aber das spricht nicht unbedingt für Alkoholmißbrauch, sondern ist eher darauf zurückzuführen, daß die Chinesen von allen Völkern der Welt am schnellsten betrunken werden. Forscher des Genetischen Instituts der Chinesischen Akademie der Wissenschaften haben herausgefunden, daß Chinesen weniger Alkohol vertragen, weil es ihnen an einem Enzym mangelt, das die Fähigkeit hat, Alkohol im Körper abzubauen.

Als Fremder in China

Als Ausländer fühlt man sich zunächst einmal nirgendwo fremder und befremdeter als in China. Man erregt zwar – in den Großstädten oder beim Besuch von Sehenswürdigkeiten – nicht mehr soviel Erstaunen und Aufsehen, aber man stößt auf Zurückhaltung und auf eine andere Lebensweise. Das erste China-Erlebnis kann zum Schock werden, wenn man als naiver, von der Überlegenheit des Westens überzeugter Tourist ins Land kommt und seinen Menschen gegenübertritt.

Als westlich geprägter, von der Allgemeingültigkeit unserer freiheitlich demokratischen Ordnung überzeugter Mensch stellt man ungläubig fest, daß Demokratie und Marktwirtschaft nicht zwangsläufig Zwillinge sind. Keine Demokratie weit und breit, jedoch überall florierende, ja explodierende Marktwirtschaft. Dabei war man sich doch sicher, daß die Chinesen sich nach unserer „freiheitlichen Gesellschaftsordnung" geradezu sehnen, aber auch das stellt sich als Fehleinschätzung heraus. Über politische Reformen für China wird vielleicht in den obersten chinesischen Führungskadern nachgedacht und im Westen viel gesprochen oder geschrieben, für den größten Teil der Bevölkerung ist das alles jedoch kein Thema und vor allem keins, über das mit einem Fremden gesprochen würde. Chinesen betrachten es als Ungezogenheit, wenn ein Fremder das Gespräch auf Themen bringt, die Chinas politisches System betreffen. Auch die internen politischen Probleme sind für Chinesen so etwas wie eine Familienangelegenheit, die man nicht mit Fremden bespricht oder gar von ihnen kritisieren läßt. Ein Ausländer gehört nicht zu den „eigenen Leuten", ihm gegenüber muß das Gesicht gewahrt bleiben, auch das des Landes und sogar das der Partei, egal wie man innerlich zu ihr steht.

„Das Gesicht" spielt im Umgang der Chinesen eine so wichtige Rolle, daß praktisch alle gesellschaftlichen Spielregeln damit zusammenhängen.

Es gibt viele Möglichkeiten, einem Chinesen sein Gesicht zu nehmen, sich damit als Rüpel, als Barbar zu erweisen und ihn sich unter Umständen zum Feind zu machen. Wer das nicht will, muß dem Chinesen sein Gesicht lassen. Grundsätzlich geht es dabei darum, sein Selbstwertgefühl und den Stolz auf seine Familie, sein Land und dessen Kultur nicht zu verletzen. Das ist allerdings nicht immer einfach, da Chinesen es dem Ausländer nicht gerade leicht machen. Sie treten Fremden – und jeder Nicht-Chinese ist in ihren Augen zunächst einmal Fremder – mit einer gewissen, reservierten Überheblichkeit entgegen, eben mit dem Bewußtsein, nicht nur gleichwertig, sondern in vieler Hinsicht überlegen zu sein. Dazu kommt, daß Chinesen zwar neugierig auf Fremdes sind, jedoch keineswegs das Fremde tolerieren. Sie sind in der Regel so höflich, sich das nicht anmerken zu lassen.

Zur Höflichkeit ist zu sagen: Chinesen verstehen darunter ausschließlich ihre eigentümlich chinesische Höflichkeit. Die folgt Verhaltensmustern, welche sich in vieler Hinsicht von den unsrigen unterscheiden.

Chinesische Höflichkeit kann, hat man keine Kenntnis über die ihr zugrunde liegenden Verhaltensmuster, verwirren, sogar in die Irre führen. Es ist nämlich keineswegs „asiatische Falschheit", wenn Chinesen loben, sogar übertrieben loben, was eigentlich kritisiert werden müßte, zum Beispiel Ihre kümmerlichen Sprachkenntnisse, oder wenn ein Chinese, stark untertreibend, sich für etwas entschuldigt, was ehrliches Lob verdienen würde. Es ist keineswegs herzlich oder gar freundschaftlich gemeinte Höflichkeit, wenn sich ein Chinese nach Ihrem Familienstand und dem Befinden Ihrer Kinder erkundigt. Es ist nicht unhöflich, sondern sogar feine Höflichkeit, wenn ein Chinese, der beispielsweise am Flughafen ein Ehepaar abholt, nicht der Frau die schwere Reisetasche abnimmt, sondern den Koffer des älteren Ehemanns trägt.

Es ist bestimmt unhöflich, es verletzt den guten Ton, sich durch Besserwisserei oder arrogantes Auftreten überlegen zeigen zu wollen. Es verstößt gegen die Etikette und alle Klugheit, bei Verhandlungen, gleich welcher Art oder Bedeutung, seinen Standpunkt sowie seine Forderungen sofort klar und deutlich zu äußern. Wer das tut, verliert sein Gesicht und will, was noch schlimmer ist, dem Verhandlungspartner das Gesicht nehmen. Es ist höflich, solches Verhalten mit Schweigen und Lächeln zu beantworten. Es wäre unhöflich, einem Verlangen ein sofortiges „Nein" entgegenzusetzen. „Ich werde darüber nachdenken", sagt der Chinese, um Verneinung auszudrücken.

So unhöflich wie unklug ist es auch, Gefühlsregungen durch Mimik oder Gestik Ausdruck zu geben.

Hinter all dem stehen, wie bereits gesagt, Verhaltensgrundmuster, die wiederum in einem Grundbedürfnis wurzeln: Chinesen wollen in Harmonie leben – nicht weil sie besonders gute, sondern weil sie vernünftige Menschen sind. Der Chinese vermeidet Konflikte am liebsten, will ihnen – wenn möglich – aus dem Weg gehen. Sind sie jedoch unvermeidlich, ist mit erbarmungsloser Feindschaft zu rechnen. „Vernichtung" ist angesagt, und das ohne jedes menschliche Bedenken. Alle Höflichkeit sollte nicht darüber hinwegtäuschen: Der Chinese kann „Nein“ sagen – und das dann ohne Kompromisse!

Dennoch: Streben nach vernünftiger, Konflikte vermeidender oder ausgleichender Harmonie prägt seit fast 5000 Jahren chinesische Mentalität.

Natürlich wissen die Chinesen, daß insbesondere uns Europäern diese Denkweise ferne liegt und daß es den „Langnasen“ schwerfällt, sich in sie einzufühlen und sich den chinesischen Verhaltensmustern anzupassen. Nicht zuletzt deshalb begegnen sie Ausländern „aus dem Westen“ mit Zurückhaltung und Skepsis.

Um das in aller Deutlichkeit zu sagen: Die Chinesen sind auch heute nicht bereit, sich unserer Mentalität und unseren Verhaltensweisen anzupassen, von uns verlangen und erwarten sie Anpassung. Wer in China nicht „aus der Rolle fallen“ will, hat sich um Einfühlung in chinesische Mentalität und ein Benehmen gemäß chinesischer Verhaltensmuster zu bemühen. Wer das tut, entdeckt eine Welt, die gewiß anders, aber weder bizarr noch seltsam ist, sondern eine höchst vernünftige Grundordnung hat – und streng logisch jedwede Verhaltensweise, Höflichkeit inklusive, aus dieser Ordnung ableitet. Die Logik chinesischen Verhaltens ermöglicht es, Reaktionen der Chinesen nicht nur zu verstehen, sondern geradezu vorherzusagen. Hat man diese Logik begriffen, ist es gar nicht mehr so schwer, Fehleinschätzungen sowie Fehler im Umgang mit Chinesen zu vermeiden.

Es hat lange gedauert, bis wir wenigstens damit angefangen haben, dieser Erkenntnis nach mit China und den Chinesen umzugehen.

Eigentlich erstaunlich, wenn man bedenkt, daß China seit Jahrhunderten für Europäer keine „terra incognita“ gewesen war.

Bereits im 17. Jahrhundert erschien in deutschen Landen ein „China-Atlas“, gezeichnet und getextet von einem Chinamissionar, dem Jesuitenpater Martini, der ein verblüffend genaues und ausdrucksstarkes Bild vom Reich der Mitte und seinen Menschen gab. Ungefähr zur selben Zeit verfaßte ein anderer Missionar, der aus Graz stammende Pater Hertrich, ein deutschsprachiges Werk über Konfuzius.

In den beiden darauffolgenden Jahrhunderten gewannen China und insbesondere seine Kunst und Literatur enorme Anziehungskraft. „Chinesisches“ oder was dafür gehalten wurde, war im 18. Jahrhundert in Europa und auch in Deutschland en vogue.

Es ging allerdings nicht nur um Kunst, sondern auch um Handelskontakte mit dem chinesischen Reich. Während das kultivierte Bürgertum Asiatica sammelte, Literaten und Philosophen sich mit dem chinesischen Gedankengut befaßten, bemühte sich die Politik um Handelsverträge und eine Öffnung des fernen Reiches, das man als Objekt wirtschaftlicher sowie imperialer Absichten betrachtete. Die preußisch-chinesischen Beziehungen bekamen in der zweiten Hälfte des 19. Jahrhunderts zudem militärischen Charakter: Das von innen und außen bedrohte chinesische Reich bestellte in Preußen Geschütze und Gewehre, die Regierung in Beijing hatte sogar die Absicht, das Heer nach preußischem Muster zu re-organisieren. Es mag damit in Zusammenhang gestanden sein, daß China dem Norddeutschen Lloyd Handelskonzessionen einräumte. Die deutsch-chinesischen Beziehungen nahmen jedoch eine andere, eine ungute Richtung. Als das Deutsche Reich wie die anderen europäischen Mächte verstärkten Einfluß erzwingen wollte, als Kolonialmacht auftrat und mit einer Flotte in chinesischen Gewässern aufkreuzte, kam es zum Konflikt.

Das Deutsche Reich hatte 1896 von China eine 50 Jahre dauernde Pacht des Gebietes von Kiautschou verlangt. Es wollte wie die anderen westlichen Staaten in China präsent sein. China lehnte das deutsche Verlangen ab. Die Ermordung zweier deutscher Missionare lieferte Berlin den Anlaß, die Bucht von Kiautschou militärisch zu besetzen. Damit wurden, gemäß der damals üblichen europäischen Politik, vollendete Tatsachen geschaffen. China mußte sich beugen. Es hatte am 8. März 1898 einen Pachtvertrag zu unterzeichnen und ohne Gegenleistung auf die Ausübung seiner Hoheitsrechte zu verzichten.

Das Pachtgebiet, es umfaßte die Bucht von Jiaozhou (Kiautschou) mit Qingdao (Tsingtau) als Zentrum, wurde zu einer deutschen Kolonie gemacht. „Deutsches Land in China“ sollte es nach dem Willen des deutschen Kaisers sein und für immer bleiben.

Das rücksichtslose, im Grunde gegen den Pachtvertrag verstoßende Verhalten der Deutschen führte zu einer dramatischen Verschlechterung der Beziehungen zwischen dem Deutschen Reich und China.

Da die deutschen Kolonialherren die Chinesen im Pachtgebiet sehr schlecht behandelten, haßten die Chinesen die Deutschen.

Als es 1900 zum sogenannnten Boxeraufstand kam, der sich anfangs in erster Linie gegen die Deutschen richtete, waren deutsche Truppen maßgeblich an der teilweise außerordentlich grausamen Niederschlagung des schließlich gegen alle westlichen Staaten gerichteten Aufstands beteiligt. Das Deutsche Reich stellte mit 10000 Soldaten das Hauptkontingent der alliierten Armee, die unter dem Oberbefehl von Generalfeldmarschall Graf Waldersee stand. Nach dem Sieg der Alliierten mußte China sich u.a. verpflichten, Sühne zu leisten, eine hohe Entschädigungssumme zu zahlen und den Kolonialmächten die Stationierung von Truppen auf chinesischem Territorium zu erlauben.

Qingdao (Tsingtau) wurde jetzt zur rein deutschen Küstenstadt gemacht, mit deutschen Fachwerkhäusern, deutscher Polizei, Post, Bank, mit deutschen Bewohnern. Deutsche Wurst und deutsches Bier wurden hergestellt, deutsche Kultur und Geselligkeit gepflegt. Die deutscheste aller Kolonien des Deutschen Reiches ...

Darüber hinaus entfaltete Deutschland sowohl wirtschaftliche als auch kulturelle Aktivitäten in ganz China. In allen chinesischen Städten, in denen sich deutsche Kaufleute mit ihren Familien niedergelassen hatten, wurden deutsche Volksschulen und Gymnasien eingerichtet, erschienen deutsche Zeitungen.

Die Kultur-, Wirtschafts- und Kolonialpolitik des deutschen Kaiserreichs in China fand mit Ausbruch des Ersten Weltkriegs ihr jähes Ende. Nach der Eroberung von Qingdao durch die Japaner am 31. Dezember 1914 wurde die deutsche Kolonie aufgelöst. In den folgenden Jahren vertrieb man die Deutschen samt ihren Einrichtungen aus China. Der Versailler Vertrag machte jeder globalen deutschen Politik, auch der unter Wilhelm II. betriebenen, sehr intensiven China-Politik, ein Ende. Erst ab 1927 gewann Deutschland wieder in sehr beschränktem Umfang Einfluß in China: Die Reichswehr unterstützte Aufbau und Ausbildung der Guomindang-Truppen. 1937 brachen die Beziehungen wiederum völlig ab. Deutsch-chinesische Beziehungen lebten erst in den 80er Jahren erneut auf und entwickeln sich seitdem fortwährend nach oben. Es handelt sich in der Hauptsache um Wirtschaftsbeziehungen. Was den Beziehungen eine neue Dimension gibt, ist der zunehmende China-Tourismus.

Der Einfluß Chinas auf deutsche Literatur, Kunst und Wissenschaft blieb, blickt man bis in die „Kolonialzeit" zurück, relativ unabhängig vom Auf und Ab der politischen und wirtschaftlichen Beziehungen. Seit Ende des 19. Jahrhunderts entwickelte sich in Deutschland die China-Wissenschaft, die Sinologie. Dichter wie Dehmel, Bierbaum, Brecht, Hesse, Klabund und Werfel ließen sich von traditioneller chinesischer Literatur, insbesondere von chinesischer Lyrik, anregen. Ob es Wissenschaftler oder Literaten waren, es ging ihnen zumeist um das traditionell, das „klassisch" Chinesische. Die Gesamtheit und Ganzheit chinesischer Kultur, ihre fortwirkende und auch den Alltag der Chinesen bestimmende Kontinuität, ein daraus ableitbares Verständnis für China, das wurde erst im Laufe der letzten Jahrzehnte zum Thema.

Schwierig und wichtig: Die Sache mit dem Gesicht

„Blaue Ameisen" nannten westliche Zungen zur Mao-Zeit die Chinesen. Auch damals eine unzutreffende Etikettierung eines Volkes, das zwar traditionell Gemeinschaft über den einzelnen stellt, dem dennoch persönliche Würde, Selbstachtung und Prestige viel bedeuten. Soviel, daß der Verlust von Würde mit dem der Augen, der Nase und des Munds verglichen wird.

Würde ist ein zentraler Faktor im Leben des Chinesen, das in möglichst harmonischen gesellschaftlichen Beziehungen eingebunden sein soll. Die wichtigsten Beziehungen sind die innerhalb der Familie, wichtig sind aber auch die zu Freunden, die in der Arbeitseinheit, die von Staat und Partei geforderten beziehungsweise vorgegebenen.

Es stimmt, daß der Chinese nicht in erster Linie ein Individuum ist, sondern vielmehr Mitglied einer Familie und darüber hinaus von Gemeinschaften, die für ihn weniger kollektivistischen, sondern familistischen Charakter haben. Er muß in Harmonie mit gesellschaftlichen Verbänden leben; Teil dieser harmonischen Verbundenheit ist jedoch, daß er seine Würde behält, sein Gesicht wahrt.

„Gesicht" bedeutet zweierlei: Zum einen drückt „Gesicht" die persönliche Würde des einzelnen aus, zum andern ist es Ausdruck der Stellung des einzelnen in der Gesellschaft. Das entspricht dem vom Konfuzianismus geprägten Menschenbild, das den einzelnen Menschen nach seiner Stellung im gesellschaftlichen Verband definiert. Nach dieser haben die Menschen unterschiedliche Grade von Würde, da die Beziehungen zwischen den Menschen eben ungleich sind.

Das „Gesicht" hat sowohl persönlichen als auch sozialen Charakter. Es ist nicht nur Ausdruck persönlicher Würde, sondern auch des Ansehens und Respektes, den jemand in den Augen der anderen genießt. Es gibt keine persönliche Würde ohne Ansehen in der Gemeinschaft, in die man hineingeboren oder gestellt worden ist. Das erklärt, warum Chinesen so großen Wert darauf legen, in der Familie und von der Gemeinschaft akzeptiert und geachtet zu werden.

Der Begriff Gesicht bezieht sich nicht nur auf einzelne Personen, sondern auch auf gesellschaftliche Gruppen. Jede Familie hat ein Gesicht, das unter allen Umständen gewahrt werden muß. Die Arbeitseinheit, die Danwei, aber auch die Stadt, die Partei und das ganze Land haben ein Gesicht. Verliert ein gesellschaftlicher Verband, dem man als einzelner angehört, sein Gesicht, ist das mit Gesichtsverlust für den einzelnen verbunden.

Wie kann man das Gesicht verlieren? Ein paar Beispiele:

Wenn man in Anwesenheit Dritter beleidigt oder offen kritisiert wird.

Wenn man als Höhergestellter wie ein Untergebener behandelt, wenn überhaupt der Rang, den man in der Familie, in der Firma oder anderswo einnimmt, nicht respektiert wird.

Das Gesicht verliert man auch, wenn man Erwartungen nicht erfüllt oder ein Versprechen nicht hält oder gegen gesellschaftliche, allgemein anerkannte Verhaltensnormen verstößt, was als unmoralisch gilt.

Hilft einem jemand dabei, das Gesicht zu wahren, steht man in der Schuld des Helfers, was bedeutet, daß man sich mit einer Gefälligkeit zu revanchieren hat.

Übrigens verliert derjenige, der einem anderen das Gesicht nimmt, dabei sein eigenes Gesicht. Er hat damit gegen die persönliche Anständigkeit verstoßen, unwürdig gehandelt – was immer auch Gesichtsverlust bedeutet.

Gesicht wahren, nehmen oder geben – darum dreht sich im gesellschaftlichen Umgang nahezu alles in China. Wer in diesem –

sehr ernsten – Spiel keinen Fauxpas riskieren will, braucht psychologisches Feingefühl und muß zudem auch um die Abstufungen der gesellschaftlichen Rangordnung wissen. Nicht zuletzt hat er zu berücksichtigen, daß „das Gesicht“ zwei Dimensionen hat. Konkret: Wer eine gesellschaftliche Gruppe kritisiert, beleidigt oder ihr sonstwie das Gesicht nimmt, fügt auch jedem Einzelmitglied der Gruppe einen Gesichtsverlust zu. Er stört die fein austarierte Harmonie der Gesellschaft, sein Verhalten ist unangepaßt, er stellt sich außerhalb der sozialen Gemeinschaft.

Grundregeln und Feinheiten der Kommunikation

Das Grüßen.
„Ni hao“ oder „Nin hao“, „Du gut“ oder „Sie gut“ entspricht dem bei uns geläufigen „Guten Tag“. Sozusagen der Allerweltsgruß in China, der jedoch bereits den Unterschied zu unserem zwischenmenschlichen, kommunikativen Umgang deutlich macht: Chinesen grüßen, indem sie, feststellend oder fragend, Interesse an der momentanen Befindlichkeit des anderen ausdrükken.

Der Gruß des Chinesen bezieht sich weder auf Tag noch Tageszeit, sondern auf den Menschen, der gegrüßt wird. Deshalb können sich auch die Grußformeln, die im Fernsehen zu hören sind, „Zaohang hao“ und „Wanshang hao“ im alltäglichen Umgang erst allmählich durchsetzen. (Es handelt sich dabei um wörtliche Übersetzungen des englischen „Good Morning“ und „Good Evening“.)

Spezielle Varianten des Grüßens gibt es allerdings auch. Der Gruß „Wohin gehst Du?“ wird verwendet, wenn man sich auf der Straße oder in einem Gebäude begegnet. Wer so gegrüßt wird, muß nicht stehenbleiben und Auskunft über das Wohin geben, da der Grüßende das auch gar nicht erwartet. Die Frage hat rhetorischen Charakter. Es genügt, den Gruß mit „Ich gehe dorthin“ zu erwidern und dazu mit Kopf oder Hand vage eine Richtung anzugeben.

Eine für uns Westler zunächst ganz und gar erstaunliche, zur Mittags- und Abendzeit häufig gebrauchte Grußfloskel ist die

Frage „Chi le ma?", was heißt „Hast Du gegessen?". Es wäre falsch, diese Begrüßung als Einladung zu bewerten. Und würde man den Gruß mit einem, vielleicht wahrheitsgemäßen, „Nein, ich habe noch nicht gegessen" erwidern, könnte das als brüsk unhöflich ausgelegt werden. Solche Antwort auf ein höfliches „Chi le ma?" signalisiert, daß man keine Zeit für den anderen hat, sollte er tatsächlich an einem Gespräch interessiert sein, was er fast immer sowieso nicht ist. Eigentlich bedeutet man ihm: Mit dir möchte ich nicht reden! Die normale, freundliche Antwort auf „Hast Du schon gegessen?" lautet: „Ja, ich habe schon gegessen."

Als Gruß gestellte Fragen, beispielsweise „Bist Du schon reich geworden?" (unter jungen Business-Leuten üblich) oder „Du gehst spazieren?" (wenn man sich in einem Park begegnet) oder „Du schreibst einen Brief an die Familie?" (wenn man beim Schreiben eines Briefes angetroffen wird) sind von Interesse zeugende, jedoch niemals konkrete Antwort verlangende Begrüßung.

Treffen sich gute Bekannte oder Freunde, werden Begrüßungsfloskeln ausgetauscht, die sich für unsere Begriffe schockierend anhören können: „Du bist noch nicht tot" oder „Lebst Du noch immer" – dazu klopft man sich auf die Schulter, faßt sich bei der Hand. Anerkennend ist es gemeint, begrüßt man einen Freund mit „Alter, du bist aber dick geworden". Alt ist immer ehrenhaft und dick sein höchst löblich! Umarmungen oder gar Wangenküsse unterläßt man allerdings: Chinesen umarmen und küssen sich weder bei der Begrüßung noch beim Verabschieden. Händeschütteln hingegen ist mittlerweile weit verbreitet, während die traditionelle chinesische Grußgeste dafür immer seltener zu sehen ist. Dabei machen die sich Begrüßenden eine leichte Verbeugung und schütteln die eigenen Hände, ungefähr in Brusthöhe umschließt die linke die rechte Hand.

Mit Ausnahme des Händeschüttelns meiden Chinesen bei der Begrüßung jeglichen Körperkontakt.

Die Gespräche.

Kommt es zum Gespräch, bildet sich dabei eine gewisse Vertrautheit, rücken Chinesen ihrem Gesprächspartner oft recht nahe. Das kann soweit gehen, daß man dem Gesprächspartner an Ärmel oder Revers greift, den Sitz seines Sakkos korrigiert oder sogar an einem Jackenknopf herumdreht. Solches Angreifen verstärkt die private Note, die nahezu jedem Gespräch von Anfang an gegeben wird.

Ganz gleich, wie groß oder klein die Gesprächsrunde ist: Zur Gesprächseröffnung gehören Fragen nach Arbeit und Beruf, vor allem aber nach der Familie. Jeder frägt jeden, achtet jedoch darauf, daß keine Tabus verletzt werden. Scheidungen, „wilde Ehen", uneheliche Kinder, Eheprobleme, kurzum unordentliche Familienverhältnisse sind tabu. Solche Themen könnten die Harmonie der Runde stören. Gemieden werden auch Themen, die mit Sex zu tun haben, vor allem wenn Frauen zur Runde gehören.

Gespräche in China drehen sich um Essen und Trinken, Familie, Einkommen und Geld, um Tradition und Herkunft, sehr oft auch um neueste Errungenschaften, um das neue Auto, um das neue Haus – um Erfreuliches halt. Unerfreuliches wird ausgespart. Streitgespräche sind absolut verpönt. Nörgeleien aller Art, über das Wetter, das Essen in einem Restaurant, mangelhaften Service in einem Hotel usw. werden als ungehörig empfunden. Wer mit seinem Wissen oder seinen Leistungen prahlt, fällt unangenehm auf. Seine Kinder jedoch darf er über die Maßen loben.

Das Gespräch muß erfreulich sein, und jeder hat dazu beizutragen. Wenn einer nichts sagt, hat er „nichts zu sagen", will er vielleicht sogar etwas verbergen. Negatives bleibt, wenn es denn sein muß, Gesprächen unter vier Augen vorbehalten.

Zweck und Ziel der Kommunikation zwischen den Menschen ist das Miteinanderharmonieren. Dazu gehört natürlich auch das höfliche, das gesichtwahrende und gesichtgebende richtige Anreden.

Namen, Titel.

Chinesen haben, wie wir auch, Vornamen, Nachnamen, dazu nicht selten einen Titel. Nur folgt die Reihenfolge einer Regel, die uns fremd ist. Die Regel läßt sich am besten an einem Beispiel erklären.

Angenommen, Sie erhalten eine Visitenkarte, auf der steht: Wang Aidang bo shi. Sie wissen bereits, daß bo shi „Doktor" bedeutet. Also handelt es sich bei dem Herrn, dessen Visitenkarte Sie in Händen halten, um Dr. Aidang. Bis auf den Doktor ist das aber falsch: Aidang heißt der Mann mit Vornamen, sein Nachname, also der Familienname, ist Wang – und dieser Name wird in

China immer vorangestellt. Ihr Herr Dr. Aidang heißt also Dr. Wang. Der Vorname Aidang wird dem Familiennamen Wang nachgestellt, und am Schluß steht der Titel, im Falle von Herrn Wang Aidang der Doktortitel bo shi.

Wang ist ein häufiger Familienname, er gehört zu den geläufigsten, wie auch Zhang, Li, Zhao, Lin, Chen, Ma, Zhou.

Es gibt nur ein paar hundert Familiennamen in China, dafür aber eine Unzahl verschiedener Vornamen. Eltern geben ihren Kindern Vornamen, die wirklich ausgefallen sind. Der Vorname soll auf jeden Fall etwas ganz Besonderes sein. Er drückt Wünsche aus, die Eltern für ihr Kind hegen. Oft sind es Namen, die für den sarkastischen bis drastischen Humor der Chinesen sprechen. Da wurde einem Mann entgegen der Ein-Kind-Politik der Regierung ein zweiter Sohn geboren. Der Vater mußte bei der Registrierung des Neugeborenen 3000 Yuan Strafe zahlen. Daraufhin nannte er seinen Sohn „3000 Yuan". In der Mao-Zeit gaben parteitreue Eltern ihren Kindern häufig Vornamen wie „Rote Armee", „Neues China", „Das Volk siegt", „USA bekämpfen". Dr. Wangs Vorname Aidang bedeutet übrigens „Die Partei lieben" – woraus zu schließen ist, daß er noch während der Mao-Ära geboren wurde.

Wie spricht man Wang Aidang bo shi mündlich an? Man läßt den Vornamen weg, nennt nur Nachnamen und Titel: Wang bo shi. Wäre dieser Dr. Wang zufällig Chefredakteur einer Zeitung, würde es höfliche Anrede sein, ihn schlicht mit „Chefredakteur" (zhubian) anzusprechen.

Titel und Position in formeller Anrede statt des Familiennamens zu gebrauchen, ist in China durchaus üblich. Die Nennung der genauen beruflichen Position ist sogar der Anrede „Doktor" oder „Professor" vorzuziehen.

Unter Bekannten und Kollegen wird auf positionsbezogene Titelei zumeist verzichtet. Da bestimmt das Alter, ob man dem Familiennamen einfach ein „Lao" (Senior) oder ein „Xiao" (Junior) voranstellt.

Mit dem Vornamen wird man nur von guten Freunden angesprochen. Komplizierte Ansprechregeln gelten innerhalb der Familie und Verwandtschaft. Da verwendet man Anreden wie „älterer Bruder", „kleine, jüngere Schwester", „erster Onkel" – Anreden, die altersbezogene, hierarchische Abstufungen ausdrücken und Aufschluß geben, in welcher Beziehung wer zu wem steht.

Zusammenkommen bei Speis' und Trank

Chinesen essen gern, und sie tun das ungern allein. Es heißt, daß ihre Lieblingsbeschäftigung gemeinsames Essen sei. Jedenfalls ist das Zusammenkommen zu einem schmackhaften und nach Möglichkeit reichhaltigen Essen für Chinesen die vergnüglichste und gewiß wichtigste Form der Kommunikation.

Gegenseitige Besuche von Verwandten und Freunden können festliche Anlässe haben oder sich völlig zwanglos ergeben – sie schließen in aller Regel „Bewirtung mit Speis und Trank" ein. In den Städten geht man zur Zeit gerne aus – natürlich „zum Essen".

Für die Esseneinladung in Haus beziehungsweise Wohnung gilt: Der Einladende wird in der Regel keine Uhrzeit nennen, er kann sich darauf verlassen, daß alle rechtzeitig kommen. Einladung zum Abendessen genügt. Es ist nicht unhöflich, es wird sogar erwartet, daß man zwei, drei Stunden vorher erscheint, also bereits am späten Nachmittag, um den Gastgebern bei den Essensvorbereitungen zur Hand zu gehen. Damit zeigt man Interesse am Wohlergehen der Freunde und an gelungener Beziehung zu ihnen. Sehr unhöflich wäre es, erst dann zu erscheinen, wenn das Essen bereits auf dem Tisch steht. Das gemeinsame Abendessen, dabei wird eifrig erzählt und viel gelacht, zieht sich zumeist über einige Stunden hin. Es wird gewiß in kein Trinkgelage ausarten, das bis in die tiefe Nacht andauert. Das Essen und Trinken endet, wenn alle gegessen haben. Dann verabschiedet man sich, auch wenn der Gastgeber wiederholt dazu auffordert, doch noch auf ein Gläschen zu bleiben. Eine Höflichkeitsfloskel, die jeder zu schätzen weiß, der jedoch keiner nachkommen wird.

„Eine Beziehung muß gut schmecken", diesem Sprichwort gemäß wird in Restaurants eingeladen, zu größeren Essen oder zu festlichen Banketts. Sowohl das Arrangement solcher Essen als auch die Teilnahme daran sind wichtige Angelegenheiten. Banketts sind wahrscheinlich die effektivste Form der Schaffung sowie Pflege von gesellschaftlichen und nicht zuletzt geschäftlichen Beziehungen.

Abb. 16: Ein neuer Trend aus Japan: Die Speisen werden im Schaufenster ausgestellt.

So ein chinesisches Bankett hat seine Eigenheiten. Zunächst einmal sollte es, da Chinesen früh zu Bett gehen und zeitig aufstehen, nicht nach sieben Uhr beginnen und höchstens zwei Stunden dauern. Weiter müssen mindestens so viele verschiedene Gerichte serviert werden, wie Gäste am Tisch oder an den Tischen sitzen. Fast immer werden alle Gerichte gleichzeitig aufgetragen und jeder wird in der Regel von jedem Gericht nehmen wollen. Suppe und Reis sowie frisches Obst werden zum Schluß aufgetragen. Die Suppe wird noch geschlürft, den Reis sollte man höflichkeitshalber stehen lassen. Wer nach der Fülle gebotener Speisen auch noch den Reis mit Appetit verzehrt, fügt dem Gastgeber Gesichtsverlust zu: Der Gastgeber muß annehmen, daß die Speisen nicht geschmeckt haben oder nicht ausreichend waren.

Vor allem bei den großen Banketts wird nicht nur reichlich gegessen, sondern auch viel gesprochen und getrunken. Immer wieder unterbrechen Reden und Trinksprüche das Mahl. Kurz nach seinem Beginn heißt der Gastgeber seine Gäste mit einer kurzen Rede willkommen. Anschließend bringt der ranghöchste Gast einen Toast auf den Gastgeber aus. Fünf bis zehn Minuten später erhebt sich der Gastgeber aufs neue, um eine Rede zur Ehre des wichtigsten Gastes zu halten. Immer wieder fordert der Gastgeber zum „Ganbei“ (wörtlich „trockenes Glas“) auf, was bedeutet, daß die Gläser in einem Zug zu leeren und dann sofort wieder nachzufüllen sind. Es liegt am Gastgeber, aus diesem Trinkspiel ein wahres Kampftrinken zu machen. Erfahrene Bankettteilnehmer lassen sich statt Schnaps Tee ins Glas gießen. Kurz vor Abschluß des Banketts hält der ranghöchste Gast eine kurze Rede, mit der er sich beim Gastgeber für das hervorragende Mahl und die alle beglückende Einladung bedankt.

Das Bankett ist beendet, wenn der Gastgeber seinen Gästen für ihr Kommen dankt, dabei bedauert, daß das Essen heute nicht so optimal war und schließlich einen letzten Trinkspruch ausspricht. Nun stehen die Gäste fast sofort auf und verabschieden sich. Auch das größte und festlichste Bankett endet auf diese, uns Europäern erstaunlich abrupt vorkommende Weise.

Um noch einmal auf die Pflichten des Gastgebers zu kommen: Er hat dafür zu sorgen, daß die Teller seiner Gäste immer gefüllt sind. Wer ihm zunächst sitzt, muß von ihm höchstpersönlich bedient werden. Bereits im Vorfeld des Banketts hat er dafür Sorge zu tragen, daß die Gäste nach der ihnen gebührenden Rangordnung am Tisch beziehungsweise an den Tischen plaziert werden. Wer unter seinem Rang sitzen muß, verliert sein Gesicht, was wiederum Gesichtsverlust für den Gastgeber bedeutet. Der ranghöchste Gast, Ehrengast des Banketts, sitzt immer rechts neben dem Gastgeber – und nach uraltem Brauch stets gegenüber der Eingangstür. Er soll den Rücken frei haben, um die Annäherung böser Geister (oder böser Buben) sofort erkennen zu können. Diesen Gast muß der Gastgeber bei der Verabschiedung zur Türe hinaus geleiten und gegebenenfalls bis zum Parkplatz oder zum Taxistand bringen. Je weiter der Weg dahin ist, desto mehr Gesicht gibt er dem Gast.

Übrigens, und das gilt sowohl zu Hause als auch im Restaurant: Den Tisch oder die Tische räumt man erst ab, wenn der letzte Gast gegangen ist.

„Guten Appetit!"

Den wünscht Ihnen in China niemand. Man geht davon aus, daß Sie Appetit haben. Chinesen scheinen ihn jedenfalls immer zu haben. Das zeigt sich bereits früh am Tag.

Wer nicht zu Hause ein Frühmahl ißt, nimmt unterwegs an kleinen Ständen oder in Garküchen einen Imbiß zu sich. Da gibt es Reis- oder Hirsesuppen mit Salzgemüse und eingelegtem Sojakäse, frittierte Teigstangen, Dampfbrötchen, verschiedene

Nudelgerichte – und das alles morgens zwischen sechs und acht Uhr!

Die richtige Essenszeit ist der frühe Abend. Er ist die Tageszeit, zu der sich Chinesen zum gemeinsamen Mahl zusammensetzen. Möglicherweise werden auch Sie, verehrte Leserin, verehrter Leser, zu einer solchen Mahlzeit eingeladen – und dann ist es gut zu wissen, was Sie erwartet und worauf Sie achten sollten.

Wie schon gesagt, „Guten Appetit" wünscht Ihnen keiner. Vielleicht sagt der Gastgeber „Essen Sie langsam, aber essen sie viel". Wahrscheinlich hören Sie von ihm aber nur ein höfliches „Qing" („bitte"), und das Essen beginnt.

Was aufgetischt wird, ist bestimmt von beeindruckender Fülle, nicht zuletzt deshalb, weil alle Gerichte gleichzeitig aufgetragen und in die Mitte des in der Regel runden Tisches gestellt werden. Jeder am Tisch bedient sich von jedem Gericht. Gemeinsam werden alle aufgetischten Speisen genossen. So ist das bei einem chinesischen Essen in geselliger Runde: Jeder kommt in den Genuß verschiedenster Gerichte.

Dabei bedient sich jeder zurückhaltend. Es gilt als gierig und deshalb unhöflich, große Portionen auf den Teller zu legen. Man nimmt vielleicht wiederholt von den Platten mit besonders leckeren Gerichten, aber immer nur kleine Portionen.

Reis wird nur bei größeren, formellen Banketts erst am Schluß serviert. Bei einem zwanglosen Essen bringt man ihn zusammen mit den verschiedenen Gerichten auf den Tisch. Da ist es dann auch erlaubt, die Speisen nicht zuerst einmal auf dem Teller abzulegen, man legt sie, wenn man will, gleich auf den Reis in der Essensschale. Die Schale wird mit der linken Hand zum Mund gehoben, mit den Stäbchen in der rechten Hand schaufelt man Reis samt Speisen in den Mund.

Wer die Kunst beherrscht, perfekt mit Stäbchen zu essen, muß ganz bestimmt nicht hungrig vom Tisch aufstehen. Da alles in mundgerechte, richtiger gesagt stäbchengerechte Happen geschnitten ist, läßt sich alles mit Hilfe der Stäbchen essen. Messer sind nicht nötig und deshalb auf dem Tisch auch nicht zu finden. Löffel liegen bereit, man braucht sie am Schluß der Mahlzeit, wenn die Suppe gereicht wird.

Einiges kann allerdings nicht mit Stäbchen gegessen werden: Bei der Peking-Ente und beim Verzehr von Schalentieren setzt man die

Finger ein. Scampis oder Krebse werden in die Hand genommen, man bemüht sich nicht lange, ihr Fleisch aus der Schale zu nehmen, man beißt einfach Stücke ab, läßt sie im Mund verschwinden, um dann die blanken Schalen auf den Teller – oder auch neben ihn – zu spucken. Kein Chinese wird das für unmanierlich halten.

Als ungezogen gilt hingegen Schneuzen während des Essens. Wer unbedingt seine Nase putzen muß, entschuldigt sich und geht kurz hinaus.

Unmanierlich ist es auch, etwas, das von den Stäbchen gefallen ist, wieder aufzunehmen und zu essen. Keineswegs unhöflich ist es, am Schluß des Essens Reste auf dem Teller oder in der Eßschale zurückzulassen. Man bringt damit zum Ausdruck, daß man satt ist, was den Gastgeber freut und ehrt.

Wer zwischendurch Lust auf eine Zigarette bekommt, kann sich ohne Bedenken eine anzünden. Auch nichtrauchende Tischnachbarn nehmen daran keinen Anstoß. Wichtig ist es, auch seinen Nachbarn oder gleich der ganzen Runde eine Zigarette anzubieten. Ein chinesisches Sprichwort sagt nämlich: „Zigaretten und Alkohol gehören allen." Es wäre wirklich unhöflich, sich nicht danach zu richten und seine Packung nicht zu teilen. Man reicht dabei nicht die Packung, sondern entnimmt ihr einzelne Zigaretten, um sie zu überreichen.

Was Alkohol betrifft: Man schenkt aus „seiner" Flasche auch dem Nachbar ein, und zwar bevor man sich selbst einschenkt.

Früher „tranken" Chinesen zum Essen nur ihre Suppe. Tee wurde – und wird – vor und nach dem Essen gereicht. Heute sind Bier, aber auch Cola und bei den Neureichen französische Rotweine zu Tischgetränken geworden. Man trinkt diese Getränke, auch den Kaffee, der nach Tisch serviert wird, der Gesundheit wegen. Kaffee hat „alle Wertstoffe", also ist er gesund, Rotwein fördert den Kreislauf ...

Noch eine chinesische Eigenheit: Hat das Essen im Restaurant stattgefunden, wird die Begleichung der Rechnung zum Ritual für sich. Es wird geradezu darum gekämpft, wer bezahlen darf, es sei denn, daß bereits zuvor entschieden worden war, wer Gastgeber ist und somit die Begleichung der Rechnung übernimmt.

Unvorstellbar wäre es, daß jeder getrennt bezahlt. Deshalb legt auch in der Regel der Kellner auf einem Teller gleich die Gesamtrechnung vor. Der Gastgeber der Runde beziehungsweise der

„Sieger“ im Kampf um das Bezahlen legt dann das Geld (oder seine Kreditkarte) unter die Rechnung. Trinkgeld kann dazugelegt werden, wird aber nur vom Personal in teueren Restaurants tatsächlich erwartet. Offiziell ist es in China nach wie vor nicht gestattet, Trinkgeld anzunehmen.

Was schenken, wie schenken?

Chinesen besuchen sich häufig, und sie machen keinen Besuch, ohne ein Geschenk mitzubringen. Wer China einigermaßen kennenlernt, kann sich nicht des Eindrucks erwehren, daß das Schenken eine Hauptbeschäftigung der Chinesen ist, die nicht nur in ihrem Privat-, sondern auch im Berufs- und Geschäftsleben eine wichtige Rolle spielt. Sie selbst bezeichnen Geschenke als „Schmieröl“, das den „Motor“ der Freundschaft in Gang bringt und hält.

Was geschenkt wird, richtet sich nicht nur nach Anlaß und „Gesicht“ sowohl des Beschenkten als des Schenkenden, sondern auch nach Nützlichkeitsüberlegungen. In welchem Maß ist die Person, die man beschenkt, nützlich für einen selbst? Wie wichtig ist die Beziehung zwischen Geber und Empfänger? Danach richtet sich sehr oft der Wert des Geschenkes, der nicht nur davon abhängt, was das Präsent gekostet hat – obwohl das sehr wohl beachtet und bewertet wird. Geschenke sollen auch beweisen, daß man dem Beschenkten verbunden sein will und sich ihm verbunden weiß. Wichtig ist, daß angemessen und sozusagen zukunftsorientiert geschenkt wird. Das Geschenk soll so gehalten sein, daß eine künftige Steigerung möglich bleibt, ja erwartet werden kann.

Man spricht nicht offen darüber, dennoch ist es klar: Geschenke verpflichten. Irgendwann muß und wird sich der Empfänger eines Geschenkes gemäß dem System der Gegenseitigkeit revanchieren. Ein zu teures Präsent könnte ihn also in Verlegenheit bringen. (Ein zu billiges Geschenk würde ihn beleidigen.)

Wir tun uns schwer damit, das nachzuvollziehen. Es widerstrebt unseren Empfindungen, unter dem Aspekt der Eigennützigkeit scheinbar uneigennützig zu schenken. Aber wir haben zu akzeptieren, daß es in China anders ist: Richtig schenken gehört zu den Voraussetzungen, um dauerhafte, ja freundschaftliche Beziehungen aufzubauen und zu erhalten.

Richtig schenken? Am besten ist es, wir richten uns dabei nach den Chinesen. Was und wie sie schenken, ist die sicherste Anleitung. Was schenkt „man" in China, wie verhält man sich als Beschenkter richtig?

Zu einer Einladung zum Essen bringt man frische Blumen, Obst oder einen guten Schnaps oder alten Reiswein mit. Auch Kaffee, Pralinen und Süßigkeiten erfreuen die Gastgeber. Zu Geburtstagsfeiern, auch bei Besuchen während des Frühlings- oder des Herbstfestes schenkt man etwas „wertvoller". Zum Beispiel Lederartikel, Taschenmesser, Duftwasser, Armbanduhr, Rasierapparat, Kaffeemaschine, Puzzlespiel für die Kinder. Man achtet darauf, daß die Geschenke nicht aus Taiwan kommen, sondern aus Europa oder Amerika importiert sind. Besonders geschätzt werden Geschenke mit der Herkunftsbezeichnung „Made in Germany". Auf keinen Fall schenkt man Stand- oder Wanduhren, der chinesische Name dafür assoziiert Tod. Gern gesehen sind Geldgeschenke. Im Geschäftsleben sind sie ein heikles Kapitel, im privaten Bereich gelten sie jedoch keineswegs als phantasielose Verlegenheitsgeschenke, im Gegenteil: Ein Geldgeschenk verhilft zu baldigem Reichtum, ist ein günstiges Vorzeichen. Das ist der Grund dafür, daß Kinder zum Neujahrsfest (Frühlingsfest) in roten Papiertüten Geldscheine geschenkt bekommen. Man möchte, daß die Kinder einmal reich werden.

Bei Krankenbesuchen schenken Chinesen meist vitaminreiche Früchte oder stärkende Getränke, die den Gesundungsprozeß beschleunigen sollen. Bei Hochzeiten werden größere Geldsummen überreicht oder auch Teures für die Wohnung des Brautpaares geschenkt.

Von einer Reise bringen Chinesen nicht nur ihrer Familie, sondern auch Verwandten, Kollegen und Freunden Andenken mit. Es ist die Regel, daß ein Chinese, der die Möglichkeit hatte, nach Europa zu kommen, eine große Reisetasche voll Souvenirs heimbringt. Geschenke, die aus dem Westen stammen, sind beliebt und hoch geschätzt.

Das erleichtert es Europäern, insbesondere uns Deutschen, chinesische Freunde und ihre Familien zu beschenken. Präsente können pharmazeutische Produkte sein, die in China als besonders heilkräftig oder gesundheitsfördernd gelten. Das können für Geschäftsfreunde technische und elektronische Geräte sein, für deren Frauen Kosmetika, Modeaccessoires oder elektrische Hausgeräte. „Mitbringsel", die auch dann, wenn sie einige Hunderter gekostet haben, noch nichts mit Shou huilu, der Annahme von Bestechungsgeschenken zu tun haben. Shou huilu ist die exzessive Form des Schenkens.

Bleibt die Frage nach der Art des Überreichens.

Geschenke können verpackt oder unverpackt übergeben werden. Unverpackte Geschenke haben den Vorteil, daß sich der Beschenkte augenblicklich über das Präsent freuen kann. Verpackte Geschenke bleiben nämlich eingepackt liegen und werden erst ausgepackt, wenn sich der letzte Gast verabschiedet hat. Hinter diesem Brauch steht eine eigentlich löbliche Absicht: Dem Gast soll erspart bleiben, daß sein Geschenk von den anderen Gästen auf seinen Wert hin taxiert wird, was so peinlich sein könnte, daß es für ihn mit Gesichtsverlust verbunden wäre.

Als wirklich peinlich empfinden es Chinaneulinge, wenn der Gastgeber versucht, seinen Gästen ihre Präsente bei der Verabschiedung wieder mitzugeben. Eine reine Höflichkeitsfloskel, auf die man nicht hereinfallen und mit dem Präsent unterm Arm verärgert abziehen darf. Das würde den Gastgeber fürchterlich schockieren. Ja, Höflichkeitsfloskeln dürfen eben nicht unbedingt wörtlich genommen werden, vor allem nicht in China.

Chinesen haben Zeit

Einiges gibt es, worauf man sich in China verlassen kann. Auf die traditionelle Höflichkeit zum Beispiel oder auf die Zuverlässigkeit zwischenmenschlicher Beziehungen – falls man es versteht, sie nach chinesischer Art zu pflegen. Auch auf ihre Bereitschaft und Fähigkeit, Schwierigkeiten aus dem Weg zu gehen, ist bei den meisten Chinesen Verlaß.

Worauf ein auf präzise Termineinhaltung dressierter Mitteleuropäer sich nicht verlassen sollte, ist das chinesische Zeitmanagement. Chinesen haben tatsächlich ein anderes Verhältnis zur Zeit. Ihr Zeitgefühl ist, milde gesagt, ziemlich unscharf. Sagt beispielsweise ein Chinese „Moment", meint er auf keinen Fall „sofort". Der Moment des Chinesen kann Stunden, aber auch Tage, Wochen, Monate dauern. „Einen Moment bitte" – eine Zusage, die vielleicht irgendwann, nicht selten nie eingehalten wird. Daß Pünktlichkeit klein geschrieben wird, gehört zu den chinesischen Selbstverständlichkeiten. Allerdings darf Unpünktlichkeit nicht soweit gehen, daß sie Ausdruck von Respektlosigkeit würde. Je wichtiger die Person ist, mit der man eine Verabredung hat, desto pünktlicher erscheint man. Überhaupt ist es heute Trend, pünktlicher zu werden. Aber noch ist „Zeit lassen" nach wie vor allgemeine Devise.

Chinesen erwarten übrigens auch von anderen keine pünktliche Einhaltung von Terminen. Auch der andere darf sich Zeit lassen! Nur nicht den Tag in ein Terminkorsett zwingen, das ja zumeist sowieso nichts nützt. Dies gilt für den privaten Bereich; im Geschäftsleben, besonders mit Ausländern, ist man sehr pünktlich. Man spricht von deutscher Kaiserzeit, was bedeutet, daß man mindestens fünf Minuten vor dem Termin da sein sollte, um Respekt und Interesse zu signalisieren.

Man muß sich Zeit, viel Zeit für das wirklich Wichtige nehmen: die Pflege zwischenmenschlicher Beziehungen. Das erfordert Gespräche, die nicht zwischen Termine gezwängt werden sollen. Wenn es um Beziehungspflege geht, und es geht fortwährend darum, verfügen Chinesen über enorme Zeitpuffer. Bei Entscheidungsfindungen leisten sie sich eine geradezu terminverachtende Gelassenheit. Genau das macht Verhandlungen mit Chinesen so langwierig und aus westlicher Sicht „zeitraubend". In China hält man nichts von zügigen Verhandlungen, dafür aber verhandeln Chinesen permanent. Dazu kommt das Prinzip, alles in der Gruppe oder sogar in mehreren Gruppen zu erörtern. Sitzung folgt auf Sitzung, bis endlich eine Lösung heranreift, die alle mittragen können, die nicht nur ein einzelner zu verantworten hat. Es gibt so gut wie nie nur einen Entscheidungsträger, Entscheidungen werden fast immer von mehreren getroffen. Und jeder von ihnen muß immer wieder aufs neue motiviert werden, damit er weiter an der Entscheidungsfindung mitwirken will.

Das alles braucht viel Zeit und immer wieder „Schmieröl". Ganz arg ist das bei Behörden, weniger arg in der Wirtschaft. Da kann der Zeitbedarf geringer, dafür jedoch der „Schmierölbedarf" größer sein. Und ohne Beziehungen (guanxi) geht in aller Regel überhaupt nichts. Beziehungen sind ein weiterer Faktor, der Zeit kostet, soviel Zeit, daß für Pünktlichkeit nach unserem Muster gar keine mehr bleiben kann.

„Einerseits, andererseits"

Einerseits liegt Beijing auf einer geographischen Breite, die mediterranes Klima erwarten läßt, andererseits kann es in den Wintermonaten in Chinas Hauptstadt „sibirisch" kalt sein.

Einerseits werden die nord- und zentralchinesischen Regionen immer wieder von Dürre heimgesucht, andererseits sind Hochwasserkatastrophen nirgendwo häufiger und schlimmer als hier.

Mit dem „Einerseits-andererseits" ist man in China oft konfrontiert. Nordchinas Lößlandschaften sind außerordentlich fruchtbar und zugleich wie kaum eine andere Weltregion gefährdet. Die Chinesen haben die vernünftigste, maßvollste, vielleicht sogar menschenfreundlichste, menschenwürdigste Weltanschauung oder Sittenlehre, den Konfuzianismus, und dennoch gab es immer wieder grausame Unterdrückung, blutige Bürgerkriege oder Revolutionen. Chinesen leben seit Jahrtausenden in der Geborgenheit einer Gesellschaftsordnung, die die Familie als ihre Kernzelle betrachtet, und trotzdem fügen sich die Chinesen einer staatlich verordneten und rigoros durchgesetzten „Familienplanung", die Eltern auf die Zeugung eines Kindes beschränkt.

Einerseits – gibt es „die Chinesen" gar nicht, andererseits sind sie eine 1,2 Milliarden Menschen zählende Wirklichkeit.

56 verschiedene Nationalitäten leben in der Volksrepublik China, einige konnten sich sogar ihre Identität bewahren, aber dennoch ist es berechtigt, von einer „chinesischen Kultur" zu sprechen.

Diese Kultur blickt auf eine wirklich sehr lange Geschichte zurück und ist in vieler Hinsicht lebendig geblieben. Einerseits ... Andererseits scheint China heute vielerorts ganz und gar einem supermodernen, durchaus „westlichen" Industrialismus verfallen zu sein. Kratzt man jedoch an der modernistischen Oberfläche, kommt das „alte" Chinesentum zum Vorschein.

Es ist allerdings nicht sicher, ob das noch lange so bleiben wird. Die Kinder von Konfuzius (und Marx) könnten zu Vätern und Müttern einer Generation werden, die mit Tradition jeglicher Spielart nichts mehr am Hut haben möchte. Die Kontinuität könnte abbrechen – und damit würde China die tiefgreifendste Revolution seiner 5000jährigen Geschichte erleben.

Noch spricht nicht sehr viel für einen solchen „Kulturbruch". Es scheint mehr eine Frage neuer Harmonisierung, wenn Chinesen offensichtlich nur noch eins im Sinn haben: Business und Reichwerden. Ein Zeitgeist-Phänomen, das sich zähmen läßt? Auch hier zeigen sich Widersprüche, die jedoch im Grunde im alten, im konfuzianischen Denken wurzeln. Viele Chinesen scheinen die Chancen einer „freien" Marktwirtschaft euroamerikanischer Prägung erkannt zu haben und zu nutzen. Gleichzeitig ordnen sie sich einer Gesellschaftsordnung unter, die sie aus westlicher Sicht zu unfreien Bürgern eines ziemlich gestrengen Staatswesens macht.

Uns erscheint das als paradox, Chinesen sehen darin keineswegs etwas Widersprüchliches oder Unverträgliches. Viele Europäer und Amerikaner finden es schlicht verblüffend, was Chinesen so alles „in Harmonie" bringen können. Uralte Traditionen, konfuzianische Moral, Sozialismus, Marktwirtschaft, Ahnenverehrung und modernste Technik, reich werden und Kommunist bleiben ...

Das sind die tieferen „Paradoxien". Dem Normal-Touristen sticht anderes ins Auge. Dieses oder jenes berührt ihn seltsam, manchmal ist er sogar schockiert. Natürlich kommt er nicht unvorbereitet nach China. Er hat sich informiert, über Land und Klima, Geschichte und Kunst, auch über die andersartigen Gebräuche und Umgangsformen. Besonders viel erwartet er sich von der „Chinesischen Höflichkeit". Er unterstellt den Chinesen Bescheidenheit, Zurückhaltung, Geduld. Umso überraschender und härter trifft es ihn, wenn er dann vor Ort feststellen muß, wie ruppig Chinesen in der Öffentlichkeit untereinander und vielleicht sogar mit ihm umspringen, wie unfreundlich man in Geschäften, insbesondere in den staatlichen Kaufhäusern, nicht selten behandelt wird.

Im Straßenverkehr herrscht vollends Rücksichtslosigkeit. Es gibt Zebrastreifen, aber kaum ein Autofahrer beachtet sie. Öffentliche Verkehrsmittel werden geradezu gestürmt. Wer sich durchsetzt, fährt mit, wer höflich und rücksichtsvoll ist, bleibt zurück.

Höflichkeit? Jeder scheint jeden überschreien zu wollen. Kein Mensch spricht höflich leise. Hemmungslos spucken Chinesen auf die Straße, lauthals und ausgiebig befreien sie sich von ihren Nasensekreten.

Zwei besondere Augenfälligkeiten in den Großstädten sind die Handy-Sucht und die Prostitution.

In allen Händen Handies! In nahezu jeder Situation und an jeder Örtlichkeit wird per Handy so eifrig wie lautstark telefoniert. Man kann es verstehen und verzeihen: Die öffentlichen Telefonnetze sind der Telefonitis nicht gewachsen. Nur mit dem Handy lassen sich Netzschwächen und Netzlücken überwinden – und zudem ist das Handy Symbol für Fortschrittlichkeit und Erfolg.

Weniger verständlich ist die Zahl der Prostituierten und ihre aggressive Präsenz. Einerseits, so weiß man, ist Prostitution verboten, unter Strafe gestellt, andererseits wimmelt es geradezu von Frauen und Mädchen, deren Business Sex aller Art ist.

Was den Touristen weiter auffällt: Überall ist Popmusik zu hören, in Kaufhäusern, Restaurants ... In den öffentlichen Parks begleiten Pop & Rock die morgendlichen Gymnastikübungen. In vielen Hotels dröhnt es pop-rockig aus den Hotelbars ... Das hätte sich der Tourist nicht träumen lassen.

Was die Taxifahrer betrifft: Sie können eine Fahrt, die ihnen zu kurz oder zu lang ist, ganz einfach ablehnen. Für Touristen, die auf eigene Faust losgezogen sind und sich im Gewirr der Straßen verlaufen haben, sind Taxis oft die einzig sichere Möglichkeit, rasch ins Hotel zurückzufinden. Niemand könnte einem des Chinesischen unkundigen Ausländer wegweisende Auskunft geben. Auch in Großstädten sprechen die meisten Chinesen keine Fremdsprache. Es wäre ein Zufall, begegnete man jemandem, der sich auf Englisch verständigen kann – und verständigen möchte. Das gilt auch für Taxifahrer. Es ist also ratsam, immer die Visitenkarte des Hotels dabei zu haben. Nicht verkehrt ist es auch, einen Stadtplan mitzunehmen, auf dem das Hotel eingezeichnet wurde.

Entdeckt man seine Liebe zu China, will man sich öfter und länger in China aufhalten, hat man gar geschäftlich, beruflich oder studienhalber mit Chinesen zu tun, sollte man sich die Mühe machen, Chinesisch zu erlernen.

Auch da wird man wieder mit dem typischen „Einerseits-andererseits“ konfrontiert. Einer denkbar einfachen Grammatik stehen aufwendige Schriftzeichen und eine hochdifferenzierte Aussprache gegenüber. Das Chinesische kennt so viele Schriftzeichen, wie es Begriffe beziehungsweise Wörter gibt. Ein Wort gleich ein Schriftzeichen! Man beziffert die Zahl der verschiedenen Zeichen mit ungefähr 60000! 5000 Zeichen davon werden häufig verwendet, 3000 genügen, um eine Zeitung oder amtliche sowie geschäftliche Schriftsätze lesen zu können.

Nun hat man zwar während der 60er Jahre die Schriftzeichen vereinfacht, ohne jedoch ihre Anzahl zu reduzieren. Es hilft also alles nichts: Wer Chinesisches lesen oder gar selber schreiben möchte, muß zumindest 3000 verschiedene Zeichen auswendig lernen. Wie das Geschriebene ausgesprochen wird, ist ein Kapitel für sich.

Die Schriftzeichen haben überall in China die gleiche Bedeutung, nur wie sie ausgesprochen werden, was sie ausgesprochen bedeuten, das variiert von Region zu Region.

Es gibt ein gesprochenes Hochchinesisch, trotzdem muß man auch dafür etwas sehr Kompliziertes erlernen: Die Tonverläufe, gleichbleibend hoch, ansteigend, fallend, zuerst fallend dann ansteigend.

Dasselbe Wort, selbst wenn es nur einsilbig ist, kann demnach vier verschiedene Bedeutungen haben. Das macht wiederum das hochkomplizierte Chinesisch zu einer relativ silbenarmen Sprache. Sie kommt aufgrund der unterschiedlichen Tonverläufe mit rund 400 verschiedenen Silben aus, die deutsche Sprache hingegen weist über 10000 Silben auf! Wer eine chinesische Silbe richtig deuten beziehungsweise anwenden will, muß auf ihren Tonfall achten und sie, sicherheitshalber, in Beziehung zu ihrem Kontext bringen.

Es bestand übrigens einige Jahre lang die Hoffnung, daß alles einfacher werden würde. Man hoffte, daß sich im Zuge der Internationalisierung der Märkte auch China eine Sprache zulegen würde, die entschieden weniger kompliziert und komplex wäre. Diese Hoffnung muß aufgegeben werden. Die Computerisierung, konkret die Digitalisierung der Schriftzeichen, ermöglicht es, alles beim Herkömmlichen zu belassen. Chinesische Textverarbeitungsprogramme lassen, wenn nötig, schnellen Zugang zum Chinesischen zu, sie können die Schriftzeichen problemlos in Computersprache umsetzen. Einerseits wird befürchtet, daß damit die Fähigkeit zum Erlernen der Kalligraphie verloren gehen könnte, andererseits hofft man, daß gerade durch die Computerisierung die älteste lebende Sprache der Welt auch im 21. Jahrhundert mit der ganzen, traditionell überlieferten Komplexität ihrer Schriftzeichen und Aussprache weiterleben wird.

China an der Schwelle zum 21. Jahrhundert

Zhu Rongji, seit Frühjahr 1998 Ministerpräsident der Volksrepublik China, Nummer Drei in der Parteihierarchie hinter Jiang Zemin und Li Peng, läßt seine Pressekonferenzen auf Videokassetten festhalten und verbreiten. Eine Marginalie, aber sie spricht für das jedenfalls technologisch fortschrittliche Denken dieses Mannes. Man erwartet viel von ihm. Immerhin hat er bereits in Shanghai, wo er 1988 als Nachfolger Jiang Zemins Bürgermeister wurde, bewiesen, daß er fähig ist, Reformen zu fördern, Herausforderungen zu meistern. Sein Einfluß auf die Reformpolitik und sein politischer Beitrag zum Wirtschaftsboom der frühen 90er Jahre waren nicht nur für Shanghai, sondern ganz China beträchtlich.

Zhu Rongji hat das Amt des Ministerpräsidenten zu einem Zeitpunkt übernommen, an dem China vor großen Herausforderungen steht. Sie betreffen die weitere Wirtschaftsentwicklung, für China ganz neue soziale Probleme und nicht zuletzt das Verhältnis zwischen Staat und Wirtschaft sowie die künftige Stellung der Partei. Das alles ist miteinander verflochten, so daß eine Lösung in einem Bereich Lösungen in anderen Bereichen erfordert.

Das enorme Wachstum der Wirtschaft ist nicht mehr nur reine Freude, es ist auch zu einem Schlüsselproblem geworden. Die entfesselte Dynamik einer florierenden Wirtschaft, die nach ihren eigenen Gesetzmäßigkeiten zu handeln hat, wenn sie weiterhin wachsen will, droht die soziale Ordnung Chinas zu erschüttern. Disharmonie in Form sozialer Verwerfungen, gesellschaftlicher Verzerrungen und sogar politischer Krisen ist zu befürchten – und es ist die große Herausforderung, dem entgegenzuwirken, die weitere Entwicklung in harmonische Bahnen zu lenken.

China hat sich mit Wirtschaftsliberalisierung und seiner Öffnung zur Marktwirtschaft auf einen Transformationsprozeß eingelassen, der ein einzigartiges Experiment darstellt: Einführung und Einbindung profitorientierter Marktwirtschaft in ein streng ordnungsorientiertes Gesellschafts- und Staatsgefüge. Dies betrachtete die kommunistische Führung verständlicherweise nicht

Abb. 17: Jiang Zemin, Präsident der Volksrepublik China.

als Wert an sich, sondern als Mittel zu einem Zweck, nämlich zu dem, China moderner, reicher und damit mächtiger zu machen. Die Vision eines kommunistischen Chinas, das anerkannter und respektierter Mitspieler im Global Playing der kapitalistischen Wirtschaft ist!

Chinas Führung analysierte die Ursachen der Schwäche und des Untergangs der Sowjetunion und ihrer kommunistischen Satelliten. Sie erkannte, daß Völker sich vielleicht unterdrücken, aber nicht auf Dauer in Armut halten lassen, daß auch der Kommunismus nicht gegen, sondern nur mit dem Volk überlebensfähig sein kann. Man sah sowohl im sowjetischen Weg als auch in dem von Mao Irrwege. Grundsätzliche Kurskorrektur erschien notwendig. Sie wurde eingeleitet und konsequent durchgeführt. Die Korrektur: Transformation zur Marktwirtschaft unter Beschränkung der Transformation auf die Wirtschaft.

Eine geglückte, außerordentlich erfolgreiche Wendung, der es Chinas Kommunismus zu verdanken hat, daß ihm das Schicksal des Sowjetkommunismus erspart geblieben ist.

Die erzielten Erfolge waren und sind nach wie vor exorbitant. Zahlen belegen es objektiv. Das reale BIP-Wachstum betrug 1992 14,2 Prozent, 1993 13,5 Prozent, 1994 12,6 Prozent, 1995

Abb. 18: Li Peng, Vorsitzender des chinesischen Volkskongresses.

10,5 Prozent und 1996 knapp 10 Prozent. Erst 1997 lag dann das Wachstum unter 10 Prozent, es erreichte knapp 9 Prozent, was im Weltvergleich immer noch eine überdurchschnittlich hohe Wachstumsrate darstellt.

Die Entwicklung des Exports chinesischer Produkte verlief und verläuft steil aufwärts: 1992 85 Milliarden US-Dollar, 1993 92 Milliarden, 1994 121 Milliarden, 1995 149 Milliarden, 1996 151 Milliarden, 1997 knapp 183 Milliarden US-Dollar.

Auch das Verhältnis Auslandsverschuldung zu Devisenreserven gestaltete sich positiv: Im Jahr 1992 stand einer Auslandsverschuldung in Höhe von 70 Milliarden US-Dollar eine Devisenreserve von knapp 20 Milliarden gegenüber. 1997 verfügte China über Devisenreserven in Höhe von 140 Milliarden US-Dollar, die Auslandsverschuldung bezifferte sich auf 118 Milliarden.

Nachlassende Tendenz zeigen neuerdings die Anlageinvestitionen. Sie haben 1997 mit 12,1 Prozent gegenüber 44 Prozent 1992, 62 Prozent 1993, 30 Prozent 1994, 17 Prozent 1995 und 18 Prozent 1996 einen Tiefpunkt erreicht. Er spricht für eine Verlangsamung der Wirtschaftsentwicklung, bei der es sich durchaus um den Übergang in eine Normalisierungsphase handeln kann. Es scheint, daß die Wirtschaft ganz allgemein nicht mehr nur auf das

Expandieren ausgerichtet ist, sondern mehr und mehr auf Effizienz und Kostensenkung. Man denkt an Um- oder Restrukturierung, befleißigt sich vor allem eines betriebswirtschaftlich ausgerichteten Wirtschaftens.

Dieser neue Kurs wird auch im Bereich der Staatsunternehmen eingeschlagen. Schätzungsweise 100000 solcher Unternehmen wirtschaften unbefriedigend bis völlig unrentabel. Man wird sie nicht alle schließen. Viele sollen privatisiert, zumindest in Kapitalgesellschaften mit staatlicher Beteiligung umgewandelt werden. Dieser Sanierungsprozeß wird sich über Jahre hinziehen, man geht behutsam vor, man hat den Kollaps ganzer Wirtschaftszweige in der ehemaligen Sowjetunion sowie in der DDR vor Augen – und daraus gelernt.

Kein Staatsunternehmen wird daran vorbeikommen, mehr als bisher auf Effizienz zu achten und Mitarbeiter zu entlassen.

Das wird die Zahl der Arbeitslosen in China um mindestens weitere 10 Millionen „auf Arbeit Wartende“, wie man in China Arbeitslose nennt, ansteigen lassen. Man rechnet mit einer Arbeitslosenquote zwischen 13 und 15 Prozent.

Arbeitslosigkeit, eine fast schon selbstverständliche Begleiterscheinung kapitalistischer Wirtschaft, ist für China ein neuartiges Problem. Die Gefahr, daß es nun auch in der Volksrepublik zu sozialer Instabilität kommen könnte, ist deshalb groß, weil ein umfassendes System sozialer Absicherung erst im Aufbau begriffen ist.

Die bisher fest zementierten Sozialleistungen zählen nicht mehr. Auch die gesetzlich verankerte Sicherheit, daß Arbeiter und Angestellte aus wirtschaftlichen, betrieblichen Gründen nicht entlassen werden dürfen, ist stark gelockert worden. Wer zur „alten“ Belegschaft von Staatsunternehmen gehört, wird zwar immer noch mitgezogen, er muß auch nicht um seine Altersversorgung bangen, allen anderen Arbeitnehmern ist eine weniger sichere Stellung und Zukunft beschieden. Die Sicherheit des Arbeitsplatzes und die Gewißheit ausreichender Altersversorgung aus dem Pensionsfonds des Unternehmens steht und fällt mit der Wettbewerbsfähigkeit und dem Überleben des Unternehmens. Es gibt Versicherungen gegen Arbeitsplatzverlust, es wird in Notfällen Sozialhilfe gezahlt, aber das ersetzt nicht das „gerissene Netz“ arbeitsbezogener Sozialleistungen. Ein neues Netz muß jetzt geknüpft werden, das heißt neue Sozialsysteme sind aufzubauen, Arbeitslosenversicherung, Rentenversicherung und so weiter.

Die Regierung will sich der Last einer unrentablen Staatswirtschaft allmählich entledigen, sie muß damit Millionen Arbeitslose produzieren, was zu sozialen Problemen, vielleicht sogar zur Unruhe in der Bevölkerung führen kann. Man muß das Vernünftige tun, will dabei aber möglichst wenig riskieren. Ein Dilemma, das gewiß erkannt ist und dem man offensiv begegnen will.

Man treibt den Ausbau der Infrastruktur voran, forciert den Bau von Eisen- und Autobahnen, fördert mit öffentlichen Mitteln Projekte der Energie- und Wasserversorgung sowie den Wohnungsbau. Ein gewaltiges Konjunkturprogramm, das die Wirtschaft da ankurbeln soll, wo es bisher an Investitionen fehlt. Das schafft zudem neue Arbeitsplätze, kann ein Ansteigen der Arbeitslosigkeit zumindest abbremsen. Die bisherige „Reformpolitik" wird in eine zukunftsgerichtete „Strukturpolitik" transformiert.

Natürlich ist auch das eine Frage der Finanzierung. China braucht auch dafür noch mehr Auslandskapital und ein gesundes Finanzwesen. Deshalb wird an der überfälligen Reform des Bankensystems gearbeitet. Die Lage der chinesischen Banken kann auf keinen Fall dramatisch genannt werden. Im Vergleich zu Südostasien sind die chinesischen Banken relativ sichere Geldinstitute. Konkurse werden vom Staat nicht zugelassen. Sehr hohe Spareinlagen – die Sparquote liegt in China bei 34 Prozent – stabilisieren das Kapitalfundament trotz der vielen „faulen Kredite", die Chinas Banken vor allem an Staatsunternehmen zu geben hatten. Auch die Lösung dieses Problems ist in Angriff genommen. Die Banken sind nun u.a. gehalten, die Bewertung der Kreditwürdigkeit von Kreditnehmern, auch von Staatsunternehmen, in den Vordergrund zu stellen.

Was dem chinesischen Finanzwesen, inklusive dem Bankensystem, Stabilität, ja geradezu einen Schonraum sichert, ist die Tatsache, daß die chinesische Währung nicht konvertiert werden kann. Sie führt ein abgeschirmtes Eigenleben und wird nicht zum Spielobjekt globaler Spekulationsgeschäfte. Das macht China immun gegen Finanzkrisen, die gerade Chinas Nachbarn bis in die Grundfesten der Wirtschaft erschüttert haben. Immunität gegen soziale und andere innere Krisen ist damit allerdings nicht verbunden. Es gibt einige Moment, aus denen sich Krisenhaftes entwickeln könnte.

Würde sich beispielsweise der Staat tatsächlich weitgehend „aus der Wirtschaft" zurückziehen, könnte es zu einer Krise der Guanxi, des Beziehungsflechtwerkes zwischen Wirtschaft, Staat und Parteikadern, kommen. Wenn der Staat sich nicht mehr in die Wirtschaft einmischt, machen Beziehungen zu ihm weniger Sinn.

Im Falle einer Trennung von Staat und Wirtschaft ist eine Krise des Verhältnisses zwischen Partei und Bevölkerung nicht auszuschließen. Die Partei wird von vielen Chinesen immer noch als der eigentliche Faktor des Wirtschaftsaufstiegs und nicht zuletzt als zuverlässiger Garant sozialer Ordnung und Sicherheit betrachtet und deshalb auch akzeptiert. Ein Rückzug des Staates und damit der Partei aus der Wirtschaft würde wahrscheinlich auch als Flucht aus der sozialen Verantwortung bewertet – und die Partei in den Augen breiter Bevölkerungsschichten entwerten. Angenommen, es käme soweit – dann könnte damit gerechnet werden, daß die Partei sich darauf beschränkt, staatsbeherrschende Machtinstitution zu sein. China ist nicht auf dem Weg zum politischen, im westlichen Sinne demokratischen Pluralismus. Was auch kommt, die Kommunistische Partei Chinas wird noch sehr lange Herrscher in China sein. Zu hoffen ist, daß sie ein volksnaher, sich zumindest dem Volk verantwortlich fühlender Herrscher bleibt.

Da es seit Maos Tod einer der Wesenszüge chinesischer Politik ist, was ja überhaupt zum Wesen chinesischer Mentalität gehört, Dramatisches zu vermeiden, wird auch der Rückzug des Staates aus der Wirtschaft undramatisch und recht vernünftig verlaufen. Man wird sich Rahmenvorgaben vorbehalten, wird den „macro level" festlegen. Es wird auch weiterhin Unternehmen geben, die vom Staat dirigiert, zumindest aber aus Beijing ferngesteuert werden. Es wird weiterhin Großunternehmen geben, die der Volksbefreiungsarmee gehören. Eines davon, im Bereich der Telekommunikation tätig, es firmiert schlicht als PLA People's Liberation Army, mischt bereits heute kräftig im internationalen Telekommunikationsgeschäft mit. Ungefähr ein Drittel der Ströme digitalisierter Informationen läuft über das PLA-Netz, das China und die USA verbindet.

Das Faktum, daß China in vieler Hinsicht ein „closed shop“ ist und bleiben wird, steht keineswegs im Widerspruch zu seinen globalen Verknüpfungen.

Die Volksrepublik China ist durch ein Netzwerk von chinesischen Clanbeziehungen und Unternehmensverbindungen Teil eines Wirtschafts- und Machtphänomens, das als „Greater China“ bezeichnet wird. Tausend Stränge verbinden Chinesen in China mit Chinesen in Vancouver, Seattle, San Francisco, Los Angeles, New York, London, Singapur, Taiwan, in Deutschland und aller Welt. Die Abermillionen Auslandschinesen haben keinen Grund mehr, sich den Volksrepublik-Chinesen nicht verbunden zu fühlen, ihr Kapital nicht dort arbeiten zu lassen.

Dieses „Greater China“ macht die Volksrepublik China zum wahren Global Player – was nicht bedeutet, daß China zum Spielball ausländischer Global Player werden wird.

China ist das einzige große Land der Welt, das zu solchen Spielen entschieden Nein sagt. Wie vehement solches Neinsagen ausfallen kann, wurde im Frühjahr 1998 in den Städten Zhangjiajie und Hengyang, beide in der Provinz Hunan, bewiesen: Tausende von Angestellten und freien Mitarbeitern attackierten die Unternehmer sowie Manager von Direktmarketing-Unternehmen, die sogenannte Multi-Level-Geschäfte nach dem Prinzip des Ketten- oder Pyramidenverkaufens betreiben. Ein Business, das schnellen Reichtum verspricht, jedoch auf Dummenfang und Ausbeutung beruht. Die aufgebrachten Demonstranten protestierten nicht nur, sie griffen die Geschäftemacher tätlich an. Zehn wurden getötet, hundert verletzt. Die Partei stellte sich auf die Seite der Demonstranten, die Regierung zog einschneidende Konsequenzen aus dem Vorfall: Sie verbot derartige Geschäftemacherei und erstreckte das Verbot gleich auf alle Direktmarketing-Unternehmen in ganz China. Davon betroffen sind auch Direktvermarkter von ausländischen Kosmetikprodukten, darunter die Weltunternehmen Amway, Avon und Mary Kay.

Den Sprung ins Wasser des Kapitalismus, die Chinesen sagen Xiahai dazu, hat China hinter sich. Das Gespenst des Xiagang – von seiner Arbeit freigesetzt werden – geht derzeit in China noch um. Es ängstigt Millionen, aber vieles spricht dafür, daß es zu Beginn des kommenden 21. Jahrhunderts seinen Schrecken verloren haben wird.

Jeder sozialpolitische, wirtschaftliche und technologische Schritt vorwärts ist auch ein Schritt heraus aus der Zone möglicher Gefahren. Gerade in den Bereichen, in denen Wirtschaft und technologischer Fortschritt sehr eng verbunden sind, ist China bereits weit vorangeschritten.

Es scheint, daß dabei Jahrzehnte der Entwicklung einfach übersprungen werden. Noch verfügen in den Großstädten nur 30 Prozent der Haushalte über Telefon, aber mindestens 40 Prozent der Großstädter kommunizieren per Handy.

Noch fehlt es zur breiten Durchsetzung der supermodernen Breitband-Telekommunikation an technikgerechten Endgeräten in den Büros. Aber die Infrastruktur dafür ist da. Fiber-Optik-Netze verbinden schon heute 29 Provinzen miteinander und mit Beijing. Am Weltanschluß dieses Netzwerks wird gearbeitet.

China gehört zu den Ländern, die in die High-Tech-Welt der Mega-Kommunikation eingebunden werden können. Zwei Milliarden US-Dollar werden zur Zeit in die Verlegung eines transpazifischen Breitbandkabels investiert. Es wird spätestens ab 2000 jede Form von digitalisierter Information – Bild, Ton, Daten – in jeder Menge zwischen China und Amerika übertragen.

Jeder Computer in China wird mit jedem Computer in Amerika und dem Rest der Welt kommunizieren können. Weder Zeit- noch Entfernungs- oder Sprachbarrieren stellen ein Hindernis dar. Was dem Computer in China auf Chinesisch eingegeben wird, setzt er auf Befehl in die lingua franca der globalisierten Welt, in die englische Sprache um.

Nicht unwahrscheinlich, daß Ministerpräsident Zhu Rongji bald dazu übergeht, seine Verlautbarungen in chinesischer Sprache in der per Computer erstellten englischen Übersetzung auf den Highways fortschrittlicher Telekommunikation rund um die Welt zu schicken.

Denkbares China-Szenario für die Zeit nach 2000: Auf Effizienz getrimmte Wirtschaft – Konsum ohnegleichen – nahezu perfekte Infrastrukturen im ganzen Land – soziale und gesellschaftliche Harmonie – eingeschränkter, aber in bestimmten Bereichen mächtiger Einparteistaat – weltoffen in Maßen, soweit es für China nützlich erscheint ...

Das Trauma Kulturrevolution

„Nie zuvor in ihrer Geschichte ist die Menschheit mit einer so großen, von Menschen selbst geschaffenen Katastrophe geschlagen gewesen. Das betrifft nicht nur den Verlust von Menschenleben; der größte Verlust entstand durch die Zerstörung von Menschlichkeit und menschlicher Gesinnung, ohne die zwischen Menschen und wilden Tieren kein Unterschied besteht. Diese Katastrophe machte zahllose Menschen zu wilden Tieren."

Zitat aus der Schrift „Häßliche Chinesen", die der chinesische Schriftsteller Bo Yang verfaßt hat. Die Katastrophe, von der Bo Yang spricht, ist die Kulturrevolution, deren Initiator Mao Zedong war. Eine Massenkampagne, die 1966 begann, die sich zu einer Vernichtungs- und Massenmordbewegung auswuchs, die erst 1976 zu Ende ging. Sie kostete Schätzungen nach zwischen zehn und 30 Millionen Chinesen das Leben.

Aktivisten des Zerstörens, Folterns und Mordens waren die „Roten Garden". Opfer waren die von Mao als „bürgerlich reaktionär" Gebrandmarkten, das heißt, jeder, der als gebildet oder gar als Intellektueller galt, der ein „Bürokrat" oder kurzweg „bürgerlich verdorben" war. Gejagt und verjagt, grausam gedemütigt, physisch oder psychisch gefoltert, oft zu Tode gefoltert oder gleich erschlagen, erhängt oder ertränkt wurden alle, denen man konterrevolutionäre Einstellung unterstellen konnte – oder ganz einfach wollte.

Hauptangriffsziel waren zunächst einmal die Führungskräfte in der Partei, die Mao beschuldigte, „den kapitalistischen Weg" zu gehen. Mao befand sich damals in einer schwierigen, ihm zu Recht gefährlich scheinenden Lage. Nach dem katastrophalen Fehlschlag des Versuchs, mit einem „Großen Sprung" China durch Massenmobilisierung zu modernisieren, wuchs vor allem von Seiten der Intellektuellen die Kritik an der Partei. Dazu kam, daß sich in der Partei Flügel beziehungsweise Fraktionen bildeten und die Partei Mao zu entgleiten begann. Es war schwieriger für ihn geworden, Partei und Volk nach seinen Vorstellungen zu formen. Er hatte mit Unmut, ja Widerspruch und sogar Widerstand zu rechnen.

Hintergrund und Ursache der Kulturrevolution: Mao wollte sich mit einem Schlag und rücksichtsloser Brutalität seiner Gegner in der Parteiführung entledigen, zugleich auch jede denkbare Opposition in Partei und Bevölkerung im Keim ersticken. Um Partei und Bevölkerung endgültig in Harmonie mit seiner Ideologie des „neuen Menschen“ und seinen Vorstellungen vom „chinesischen Kommunismus“ zu bringen, mußten Widersprüche beseitigt und alle tatsächlichen, vermeintlichen oder möglichen Gegner ausgeschaltet werden.

Zwangs-Harmonisierung mit allen Mitteln, ein endgültiges Durchsetzen der maoistischen Ideologie und deren Umsetzung in eine „neue Kultur“ war das Ziel. Von daher war es richtig und logisch, das Vorhaben „Kulturrevolution“ zu nennen. Deren Ausführung wollten Mao und seine Anhänger nicht den Parteikadern überlassen. Die wurden für zu wenig formbar und ideologisch nicht sicher genug gehalten. Mit Geschick und seinem Charisma gelang es Mao, formbare Kräfte zu mobilisieren – die zur Randgruppe gewordenen Unzufriedenen im Lande, vor allem aber die grundsätzlich zu Unzufriedenheit und Revolte gegen Altes, Etabliertes und Überlegenes neigende Jugend.

Die bis zum Wahnsinn aufgepeitschten, vom Mao-Kult berauschten Massen verbanden sich zu einer Bewegung, die sich rasch über ganz China ausbreitete und China in ein Chaos stürzte.

Das Ziel dieser Horden, die sich „Rote Garde“ nannten, war die Zerstörung dessen, was politisch, gesellschaftlich, wirtschaftlich und kulturell gültig gewesen ist. Es gab Widerstand, es kam zum Beispiel zu Arbeitsniederlegungen, auch zu Angriffen auf die Rotgardisten.

Der Widerstand war in einigen Provinzen so stark, daß das Militär eingreifen mußte, um die Kulturrevolution in Gang zu halten. Dennoch dauerte das grausame Treiben bis 1976.

Am Ende war die Kulturrevolution führungslos geworden, sie erwies sich als in jeder Hinsicht sinnlos. Mao überließ es schließlich der Parteiführung, den gewaltigen Scherbenhaufen aufzuräumen. Die Führung war allerdings zunächst ratlos. Sie raffte sich erst zum Handeln, das heißt zur Rückkehr in die Normalität auf, als in Zentral- und Südwestchina Bauern die Landwirtschaftskollektive auflösten, den Boden unter sich verteilten und zur familistischen Bewirtschaftung zurückkehrten.

Eine konterrevolutionäre Tat, die sich als erfolgreich erwies. Sie wurde von der Parteiführung nicht nur hingenommen, sondern

Abb. 19: Politische Werbung zur Kampagne der vier Modernisierungen: der Industrie, der Landwirtschaft, der Landesverteidigung und der Wissenschaft und Technik.

als beispielhafte Lösung anerkannt. Das Politbüro beschloß eine „Landwirtschaftsreform" nach dem Vorbild der konterrevolutionären Bauern. Diese Reform bezeichnete das Ende der Kulturrevolution.

Über 20 Jahre ist das jetzt her. In all diesen Jahren bemühte sich die Partei, die Katastrophe herunterzuspielen, sie vergessen zu machen. Aus zwei Gründen: Zum einen, weil die Erinnerung an das Geschehen zwischen 1966 und 1976 Erbitterung weckt und nicht nur Mao, sondern auch die kommunistischen Errungenschaften vor und nach der Kulturrevolution beflecken könnte. Zum andern, weil viele Mitglieder der heutigen Führungskader selber unter der „Revolution" zu leiden hatten, sogar von ihr traumatisiert worden sind.

Sie ist seit 30 Jahren und immer noch für Millionen Chinesen ein Trauma. Die meisten Chinesen, die heute über 40 Jahre alt sind, waren persönlich in dieses schreckliche Geschehen verwikkelt, als Opfer oder Angehöriger oder Freund von Opfern, als Täter oder Mitläufer. Die Kulturrevolution hat das Schlechteste des Menschen zum Vorschein gebracht – und jeder Chinese wurde davon berührt. Die Harmonie schien für immer zerbrochen, der „Weg der Mitte“ endgültig verlassen.

Die Katastrophe ist Vergangenheit. Verbitterung, vielleicht auch Reue, jedenfalls Angst sind zurückgeblieben. Die Angst vor Revolution und Chaos.

Religion in China

Auf die Frage, ob die Chinesen Religion haben, gibt es eine klare Antwort: Sie haben keine. Die chinesische Sprache kennt den Begriff „Religion“ gar nicht.

Ja aber – da gibt es doch den Konfuzianismus, den Buddhismus, Daoismus, die christlichen Konfessionen und den Islam! Richtig. Die gab es und gibt es zum Teil auch heute: Rund 100 Millionen Buddhisten, 64 Millionen Protestanten, 40 Millionen Katholiken und 20 Millionen sunnitische Muslime leben derzeit in China. Ein kleiner Teil der Bevölkerung. Daran wird sich auch dann nicht viel ändern, wenn einige Konfessionsgemeinschaften, insbesondere der Buddhismus, Zulauf bekommen sollten. Fest steht: Rund eine Milliarde Chinesen, darunter der Großteil aller Han-Chinesen, haben keine Religion.

In China betrachtet man übrigens auch die Weltreligionen Buddhismus, Christentum und Islam als Lehren beziehungsweise Schulen. Unter diesen kommen dem Konfuzianismus und dem Daoismus Sonderrollen zu. Kaum ein Chinese wird sich jedoch heute als Konfuzianer oder gar als Daoist im Sinne einer religiösen Lehre bezeichnen.

Konfuzianismus ist eine Lebens-, Ordnungs- und Sittenlehre, deren Wert und Regeln erst in unserer Zeit wieder entdeckt werden und sogar Einfluß auf Gesellschaft und Politik gewinnen. Daoismus ist eine Geistesströmung, die heute nur noch in esoterischen Zirkeln gepflegt und zumeist falsch verstanden wird. Daoismus war einmal eine Art Religion, der wahre Konfuzianismus war das nie. Spricht man über Religion in China, sollte der Konfuzianismus ausgespart bleiben. Er ist wirklich weit von allem entfernt, was im landläufigen Sprachgebrauch und Sinne „religiös“ genannt werden kann. Er stellt die reinste, von außen völlig unbeeinflußte chinesische Lehre dar.

Abb. 20: Der Glanz der alten Zeit: verzierte goldgelbe geschwungene Dächer.

Die andere in China begründete und entwickelte Lehre, der Daoismus, war ursprünglich eine rein philosophische Schule, die Lehre vom Dao, dem „Weg“ oder der „Vernunft“. Laozi, der Begründer der Lehre, sprach dem Dao ewiges Sein, das „Sein-an-sich“ zu. Aus dem Dao entsteht alles, auch das Gegensatzpaar Yin und Yang, und alles kehrt auch wieder ins Dao zurück. Dem hat sich der Mensch in Demut unterzuordnen.

Daoismus ist die Lehre vom Weg zum Einswerden mit dem ewigen Sein, den jeder allein zu suchen und zu finden hat.

Eine Lehre für weltabgewandte Philosophen und Einsiedler, die jedoch im Laufe der Jahrhunderte derart Laozis Gedankenwelt entfremdet wurde, daß der Daoismus zu einer Lehre für das Volk werden konnte. Man erfand Gottheiten, die mit Ritualen verehrt und denen geopfert wurde, um von ihnen Reichtum, Glück und ein langes Leben zu erbitten.

Volksaberglauben an böse Dämonen und gute Geister spielte eine große Rolle im Daoismus – der diesen Namen eigentlich gar nicht mehr verdiente. Die Lehre des Laozi war zum magischen Kult geworden.

Der Daoismus spaltete sich schließlich im 14. Jahrhundert in zwei große Sekten. Der Quanzheu-Daoismus beschränkte sich

Abb. 21: Tempelbezirk mit Gläubigen.

hauptsächlich darauf, durch Meditationsübungen Unsterblichkeit zu erlangen. Im Zhengyi-Daoismus spielten Zauberei und Alchemie die Hauptrolle.

Der Buddhismus kam erst 500 Jahre nach seiner Entstehung in Indien über die südliche Seidenstraße nach China, und zwar bereits in der Form des Mahayana, also mit der Vielzahl von hilfreichen Boddhisattas und mit allen seinen verschiedenen Schulen. Die indische Lehre konnte in China rasch Fuß fassen. Buddhistische Tempel wurden erbaut, Klöster gegründet, die buddhistischen Schriften wurden in das Chinesische übersetzt. Im 9. Jahrhundert, unter der Tang-Dynastie, erlebte der Buddhismus seine größte Blütezeit, aber unter der gleichen Dynastie wurde er auch erstmals grausam verfolgt.

Während der Tang-Zeit (618–907) standen viele Lehren auf das Prächtigste „in Blüte". In Xian, heute eine Stadt mit über sechs Millionen Einwohnern und Hauptstadt der Provinz Shaanxi, finden sich immer noch in besonders großer Zahl Baudenkmäler, die Zeugnis von der religiösen Pluralität der damaligen Zeit geben. Das Kloster des Großen Gedeihens (Da Xing Shan Si) zum Beispiel, ein bedeutendes Zentrum des Buddhismus in China ... Nicht weit davon Da Yan Ta, die 64 Meter hohe Große Wildgans-

Pagode ... Im kleinen Tempel zu ihren Füßen lebte im 7. Jahrhundert der Mönch Xuanzang, der aus Indien buddhistische Schriften mitgebracht und hier ins Chinesische übersetzt hat. Rings um die Pagode errichtete der Tang-Kaiser Taizong eine ausgedehnte Klosteranlage für buddhistische Mönche, von der nur noch ein paar Gebäude übriggeblieben sind.

Dutzende von buddhistischen Klöstern gab es in jener Zeit in der damaligen Metropole des Kaiserreichs, aber auch 14 islamische Moscheen und ein halbes Dutzend daoistische Tempel. Das Christentum war nicht vertreten, obwohl es im China der Tang-Zeit christliche Gemeinden gegeben hat.

Die ersten christlichen „Glaubensboten" waren Nestorianer. Sie kamen in der Mitte des 7. Jahrhunderts über die Seidenstraße nach China. Viel Resonanz fand die christliche Lehre weder damals noch in späteren Jahrhunderten. Erst im 16. Jahrhundert gelang es dem Jesuitenorden, eine echte christliche Mission in China aufzubauen, deren Bekehrungserfolg jedoch gering blieb. Was die Chinesen, insbesondere den Kaiserhof, an den Jesuiten interessierte, weshalb man sie im Lande duldete, waren ihre wissenschaftlichen Kenntnisse.

Die Jesuiten brachten die abendländischen Naturwissenschaften und Techniken ins Land. Sie wollten selbstverständlich auch missionieren, paßten sich dafür chinesischen Sitten an. Dem Vatikan ging das schließlich zu weit. Um den Jesuiten einen Riegel vorzuschieben, wurden von Rom die „chinesischen religiösen Praktiken" zu Anfang des 18. Jahrhunderts mit Kirchenbann belegt. In den Jahren darauf zogen sich die Jesuiten aus China zurück.

Die nächste christliche „China-Mission" kam im 19. Jahrhundert auf China zu. Sie nutzte die Öffnung Chinas durch die westlichen Mächte. Man missionierte im Gefolge der europäischen Kanonenboot-Politik. China wurde nicht nur gezwungen, sich dem westlichen Handel zu öffnen, es mußte auch die weißen Missionare aufnehmen und dulden.

Alle christlichen Kirchen, die protestantischen ebenso wie die römisch-katholische, nutzten die China abgepreßte „Missions- und Glaubensfreiheit". Viele Chinesen wurden christlich getauft und in den Missionsschulen christlich-abendländisch erzogen beziehungsweise ausgebildet.

Nach 1949 wurden nicht nur die weißen Missionare ausgewiesen, sondern auch alle Missionsschulen geschlossen. Die chinesischen christlichen Gemeinden waren strenger Kontrolle und diskriminierenden Maßnahmen unterworfen. Gebessert hat sich die Situation nach 1976, seitdem die Verfassung grundsätzlich die freie Religionsausübung gestattet.

Konfuzius gestern, heute, morgen

Schon möglich, daß die „Wiege der Menschheit" nicht in Afrika, sondern in China stand. Jedenfalls behaupten chinesische Wissenschaftler, auf Ausgrabungen von Fossilien gestützt, der Urahne aller Menschen, der Homo erectus, sei in der Nordchinesischen Tiefebene daheim gewesen.

Absolut sichere Zeugnisse für menschliche Siedlung auf dem Territorium Chinas ließen sich freilich erst für die frühe Steinzeit mit Sicherheit nachweisen. Vor zirka 8000 Jahren lebten Menschen sowohl am Unterlauf des Gelben Flusses als auch in einigen Regionen Zentral- und Westchinas. Sie betrieben nachweislich Ackerbau und Viehzucht und besaßen bereits eine Schrift, die aus runenartigen Zeichen bestand. Sie töpferten, kannten die Seidenherstellung und lebten teils in einer matriarchalischen, teils in einer patriarchalischen Ordnung. Es gibt Überlieferungen, zunächst mündliche, die dann, ungefähr im dritten Jahrhundert v.u.Z., schriftlich festgehalten wurden, nach denen diese „frühen Chinesen" sich Gedanken über die Welt und die Menschen machten und auch darüber, wie alles entstand. Ursprünglich, so stellten sich diese Menschen die Schöpfung vor, gab es weder Himmel noch Erde, sondern nur Chaos. Doch dieses Chaos, diese Welt vor der Welt, hatte eine Form, nämlich die eines riesigen Welteis. Zur eigentlichen Schöpfung, wir sagen heute dazu „Urknall", kam es, als dem Weltei der Riese Pan Gu entstieg. Da trennte sich der Inhalt des Eis in Elemente. Die schwereren formten die Erde (Yin), die leichteren bildeten den Himmel (Yang).

18000 Jahre lang vergrößerte sich die Entfernung zwischen Himmel und Erde täglich um zehn Fuß. Zugleich wuchs auch Pan Gu, bis sein Körper den Raum zwischen Himmel und Erde füllte.

Dann starb der Riese, seine Augen wurden zu Sonne und Mond, sein Atem zu Wind und Wolken, seine Stimme zu Blitz und Donner, sein Fleisch zu Erde, sein Blut zu Flüssen und Wasser, seine Körperbehaarung zu Pflanzen, sein Kopfhaar zu Sternen, seine Knochen zu Metall, sein Schweiß zu Regen. Und aus den Urinsekten, die am Körper des Urriesen klebten, wurde das Menschengeschlecht.

Diese Weltschöpfungsgeschichte stellte den mythischen Hintergrund einer Weltbetrachtung dar, die kosmisches Geschehen, menschliches Dasein und dessen Ordnung, also Ethik, Gesellschaft und Staatswesen, in direkte Verbindung zum Urereignis der Trennung des lichten, leichten, „himmlischen" Yang vom dunklen, schweren, „irdischen" Yin bringt.

Alle chinesische Welterklärung der Frühzeit, alles Verständnis des Seins und Da-Seins der Menschen, alle menschlichen Handlungen, die ganze Ordnung beruhen darauf, daß Yang und Yin sich einmal trennten, daß beide Kräfte jedoch fortwährend vorhanden sind und ineinandergreifen. „Kosmische" Weltanschauung und „ethische" Weltordnung sind für Chinesen nichts Getrenntes, voneinander Unabhängiges, sondern eins.

Schon im Laufe der Jahrtausende vor Beginn unserer Zeitrechnung erfuhr diese kosmisch-ethische Lehre ergänzende, erweiternde, differenzierende Ausformung. Dabei ging es vor allem um das geordnete, harmonische Verhältnis zwischen Himmel, Erde und Mensch.

Da diese Lehre, richtiger gesagt Weltanschauung, die erstmals vom niederländischen Sinologen J. J. M. de Groot zu Beginn dieses Jahrhunderts als „chinesischer Universismus" bezeichnet wurde, keinen Gott vorsah, der Schöpfer und Herrscher der Welt ist, da man jedoch Weltordnung und Weltharmonie an einer höchsten Macht festmachen wollte, erdachte man sich eine solche – und nannte sie „Himmel". Ein abstrakter Himmel als Symbol für die höchste Macht.

Der oberste Fürst, der Kaiser, war der einzige Mensch, der mit dem „Himmel" in Verbindung trat. Er hatte die Pflicht, für Harmonie zwischen „Himmel" und Volk zu sorgen. Er war „Himmelssohn", als solcher Verbindungsglied zwischen dem „Himmel", dem Abstraktum einer vollkommenen Ordnung, und dem Volk.

Himmel, Himmelssohn, Volk – politische Ausformung zu einem umfassenden System des Kaiser- und Staatskultes fand diese Beziehung in den Jahrhunderten, in denen China zu einem Einheitsreich gefügt wurde. Dieses System bestand dann bis zur Entthronung der Mandschu-Dynastie im Jahre 1912.

Der Konfuzianismus trug gewiß dazu bei, dieses System zu kräftigen und zu erhalten, indem er ihm sittliche Rechtfertigung gab. Bereits die Han-Kaiser nutzten das und machten ihn zur Staatsphilosophie, aus der dann ein Staatsritualismus entwickelt wurde. Dennoch muß festgehalten werden: Es war nicht das Wesentliche des Konfuzianismus, Philosophie und Ritual für den Staat und seine Herrscher zu sein. Er blieb eine im chinesischen Universismus wurzelnde Lehre sittlicher, harmonischer Lebensgestaltung für den einzelnen Menschen und die ganze Gesellschaft. Eine Lehre, die sich, das läßt sich nicht leugnen, an die Gebildeten und Herrschenden richtete, die jedoch von ihnen verlangte, moralische Vorbilder zu sein, für Sitte zu sorgen, die Ordnung zu wahren. Konfuzius, er wurde wahrscheinlich 551 v.u.Z. geboren und starb 479 v.u.Z., gehörte zu den Schichten, an die er sich predigend und vielleicht auch schreibend wandte. (Es ist fraglich, ob die Schriften des Konfuzius auch wirklich von ihm verfaßt worden sind.)

Er lebte in einer Zeit der Wirren und des moralischen Verfalls. Sein Bestreben war es, der von ihm idealisierten Moralordnung der Altvorderen in veredelter Form wieder Geltung zu verschaffen. Was den Moralprediger und Sittenlehrer Konfuzius zum Weisen, ja zum Klassiker chinesischer Lebensweisheit gemacht hat, war seine realistische Sicht auf den Menschen und die Gesellschaft.

In der Mitte stand für Konfuzius und seine Schüler der Mensch; wichtig war es, den Menschen das Hier und Jetzt zu erleichtern, ihnen ein glückliches Leben zu lehren.

Konfuzius erkannte und lehrte, daß das Glück des einzelnen vom Wohl der Gesellschaft abhängt. Dieses Wohl ist wiederum bedingt durch eine strenge Ordnung, die von einem Katalog moralischer Werte begründet wird. Voraussetzung für die Wirksamkeit der Werte ist natürlich, daß sie erkannt werden. Dazu bedarf es der Hinwendung zur Vergangenheit und – praktischer Vernunft. Diese gebietet einzusehen und anzuerkennen, daß es Unterschiede zwischen den Menschen gibt, daß nicht Gleichstellung, sondern Unterscheidung, nicht soziale Gleichheit, sondern klare Trennung zwischen den Klassen gesellschaftliche Harmonie ermöglichen. Erfahrung und Vernunft gebieten es auch, in der Familie die Keimzelle der Gesellschaft, die natürlichste, engste und wichtigste Gemeinschaft zu sehen.

Konfuzius und seine Schüler formulierten Regeln, die den Menschen dazu verhelfen sollen, ein moralisch gefestigtes, weltzugewandtes und der Gesellschaft gerecht werdendes Leben zu führen. Wahrscheinlich haben sie diese Regeln nicht erfunden, sondern durch Hinwendung zur Vergangenheit gefunden.

Die ursprüngliche konfuzianische Lehre ist so vollkommen eine natürliche Ethik und praktische Philosophie der Menschlichkeit, daß es gerade deshalb schwerfallen mußte, sie rein, tatsächlich konfuzianisch über die Jahrhunderte, genau gesagt über fast 2500 Jahre hin, zu bewahren.

Die konfuzianische Lehre wurde zum Konfuzianismus.

Man ordnete den konfuzianischen Werten Gottheiten zu, deren Verehrung magische Züge annahm. Was den Kern der Lehre am stärksten überwucherte, ja allmählich völlig verdeckte: Man schnitt die Lehre auf die Person des Kaisers zu, instrumentalisierte sie für die Bewahrung verkrusteter politischer Strukturen. Es lag in der Absicht der herrschenden Schicht, Konfuzius weniger als Lehrer zu achten und ihm dafür göttliche Verehrung angedeihen zu lassen. Ein vergöttlichter Konfuzius konnte dem gottgleichen Kaiser und seiner Beamtenkaste nur nützlich sein, sozusagen das Alibi für Kaiserkult und Beamtenherrlichkeit liefern. Deshalb wurden in allen Städten Tempel gebaut, die der Verehrung des vergöttlichten Konfuzius dienten. Die Lehre vollkommener Menschlichkeit (Ren) entartete nach dem Willen der Herrschenden zu einer Staatsideologie, ja zu einem Staatskult, der sich weit von dem entfernte, was Konfuzius und seine Schüler wollten. Das führte dazu, daß die breite Masse der Bevölkerung dem Konfuzianismus fern stand.

Obwohl der Konfuzianismus zur Sache einer dünnen Gelehrtenschicht sowie zur kaiserlichen Staatsideologie geworden war, bestimmten konfuzianische Wertvorstellungen und Tugendregeln das Leben auch der einfachen Chinesen.

Sowohl Chinas gelehrte Hochkultur als auch die Alltagskultur der Chinesen waren konfuzianisch geprägt.

Der Untergang des Kaisertums ermöglichte einen Neokonfuzianismus, der, frei von ideologischer Orthodoxie, zu einer Rückbesinnung auf das Wesentliche der alten Lehre führte. Erst in den letzten Jahren wächst die Einsicht, daß die konfuzianischen Kernwerte und die damit verbundenen Tugenden eigentlich schon immer dem chinesischen Volk eigentümliche Werte und Tugenden waren. Der Trend zur Wiederentdeckung und Neubelebung der „alten" konfuzianischen Lehre hat sogar die Partei erfaßt.

Man sieht ein, daß die „chinesische Welt" im Grunde die „Welt des Konfuzius" ist. Es ist allerdings nicht so, daß man auf den Konfuzianismus in seiner einstigen Form zurückgreifen würde. Der wird nach wie vor abgelehnt, obwohl sich immerhin noch rund 300 Millionen Chinesen zu ihm bekennen. Es wird gewiß zu keiner Renaissance des institutionalisierten orthodoxen Konfuzianismus der Kaiserzeit kommen. Festzustellen ist statt dessen Hinwendung zur ursprünglichen Lehre, die nun nicht nur von Gesellschaftswissenschaftlern, sondern auch von Parteiideologen als die China eigentümliche, als Chinas nationale Ethik betrachtet wird. Sie in das seit der Kulturrevolution brüchig gewordene ideologische Fundament der Partei zu integrieren, könnte den chinesischen Kommunismus noch chinesischer machen – und weit ins 21. Jahrhundert hinein stabilisieren.

Es liegt an der in den Augen der Chinesen „zeitlosen" und „unpolitischen" Wertigkeit der vor über 2000 Jahren entwickelten Moral- und Gesellschaftsphilosophie des Konfuzius, daß ihr gleicherweise für Kommunisten und Kapitalisten Gültigkeit sowie Nützlichkeit zugesprochen werden kann. Die konfuzianisch-chinesische Ethik ist eine natürliche Ethik für zwei neben- und miteinander existierende Systeme: das ideale ideologische Fundament für das China von heute und morgen! Konfuzianische Ethik als neue sittliche Ideologie für alle Chinesen?

Nicht nur denkbar, sondern wahrscheinlich, nicht zuletzt deshalb, weil es im chinesisch-universistischen Wesen der konfuzianischen Lehre liegt, Antagonismen anzuerkennen und zu harmonisieren.

Harmonisierung von Alter und Jugend, von Individuum und Gemeinschaft, von Würde der Person und Wohl der Gesellschaft, von Familieninteressen und gesellschaftlichen Forderungen …

Der Weg, auf dem China seit den 80er Jahren voranschreitet,

erfordert, soll er weiterhin glücken, ständige Harmonisierung von Gegensätzlichkeiten. Die konfuzianischen Prinzipien dafür sind geregelte Ordnung und vernünftiges Maßhalten. Es kann nicht bestritten werden, daß die chinesische Führung sowohl strategisch als auch operativ diesen Prinzipien zu folgen scheint. Sie bemüht sich jedenfalls, wirtschaftliches Wachstum und damit verbundene gesellschaftliche Veränderungen in geregelter Ordnung zu halten und ordnungspolitische Maßnahmen vernünftig maßvoll durchzusetzen.

Man hat erkannt, daß die Volksrepublik China, wenn sie kommunistisch regiert und zugleich marktwirtschaftlich orientiert bleiben soll, eine neue ethische Fundierung und insbesondere nach außen hin moralische Legitimation braucht. Es geht um glaubhafte Harmonisierung von Menschenwürde und Staats- sowie Wirtschaftsräson. Eine Notwendigkeit, die Konsequenz daraus:

Der atheistische Staat China muß und will sich eine ethische Gottheit, einen „Himmel“ im Sinne des chinesischen Universismus geben. Unter diesem „Himmel“ hat eine Menschenwürde Platz, die allerdings nicht auf westlichen Vorstellungen von der Freiheit des einzelnen und der Gleichheit aller Menschen beruht. Chinesisch-konfuzianische Menschenwürde beruht auf wechselseitiger Anerkennung und Übereinkunft von Individuum und Gesellschaft. Die konfuzianische Gesellschaft ist nicht durch Gleichheit bestimmt.

Konfuzius spricht dem Menschen Würde, aber nicht Gleichheit zu. Die Würde muß erworben und bewahrt werden. Sie bedingt ein tugendhaftes Leben, und dazu gehört wesentlich, daß jeder seine Rolle in der Gemeinschaft zum Wohle der Gemeinschaft spielt.

Die Gleichheit der Menschen besteht darin, daß jeder im gleichen Maße das Recht auf Würde hat. Die Gesellschaft, angefangen bei der Familie, fortgesetzt über die Danwei bis hin zum Staat, hat die sittliche Verpflichtung, dieses Recht anzuerkennen und ihm Spielraum zu belassen sowie die Würde des einzelnen Mitgliedes der Gesellschaft zu respektieren. In Anerkennung und gerechter Ausübung dieser Pflicht liegt die Würde der gesellschaftlichen Einheiten.

Die Ungleichheit der Menschen ist dadurch gegeben, daß sie ihr Recht auf Würde in verschiedener Weise wahrnehmen müssen,

Abb. 22: Einen der fünf heiligen Berge zu erklimmen, ist bedeutsam, um der Harmonie des Himmels ein Stück näher zu kommen.

weil die Rollen, die sie zum Wohle der Gesellschaft spielen, natürlicherweise sehr unterschiedlich sind.

Demnach hat eine „Konfuzianisierung“ Chinas auch den Effekt, daß die „Menschenrechtsfrage“ nicht nach westlichen Freiheits- und Demokratievorstellungen gelöst werden wird. Die konfuzianisch definierte Menschenwürde ist das chinesische „Menschenrecht“.

Hauptsache reich werden!

Sommer 1998: Ich komme gerade aus Beijing zurück und werde gefragt: Was ist los in China? Krise in Südostasien, Rezession in Japan, nur die Chinesen bleiben davon unberührt, das kann doch nicht sein. Es ist aber so. Chinas Wirtschaft bleibt auf Wachstumskurs. Dazu braucht sie keine Weltmärkte. Der Binnenmarkt garantiert für Jahrzehnte eine sich ständig steigernde Nachfrage – was keineswegs ausschließt, daß chinesische Unternehmen schon bald „global“ aktiv werden.

Zugegeben: Noch können sich die meisten Chinesen nicht leisten, was sie gerne kaufen möchten. Aber es wird mehr verdient, weitaus mehr, als es der statistisch ermittelte Durchschnittslohn des „Durchschnittschinesen“ ausweist. Natürlich wächst nicht nur das Bruttosozialprodukt, sondern auch die Zahl der Armen. Das sind die Chinesen, die sich bei weitem nicht leisten können, was die Neureichen haben und ohne jede Scheu zeigen. Das einfache Volk beobachtet die „neue Klasse“ allerdings mehr mit Bewunderung als mit Neid – und eifert den Erfolgreichen nach.

Ist China zu einer Gesellschaft geworden, in der jeder nur noch ans Geldverdienen denkt? Das könnte schon sein, obwohl es mir zu vordergründig erscheint, weil Chinesen eben nicht nur an Geld denken, wenn sie ans Geld denken: Reicher werden bedeutet besser sein und das auch beweisen, zum eigenen Wohl und Nutzen, vor allem aber zum Vorteil und Ansehen der Gemeinschaft, der man angehört.

Wenn das Reichwerden zur gesellschaftlichen und damit moralischen Norm gemacht wird, muß jeder, der sein „Gesicht“ wahren will, sich danach richten. Kann denn das in einem von Kommunisten beherrschten Land funktionieren?

Die Kommunistische Partei Chinas läßt das Reichwerden nicht nur zu, sie hat es zum ethischen Wert erklärt. Zweifellos haben ihre Kader moralische Probleme damit. Es gibt Funktionäre, die das Reichwerdenwollen gelinde gesagt übertreiben, ihm mit „schlechter Korruption“ nachhelfen. Die Entwicklung einer Marktwirtschaft hat ja nicht zur Trennung von Unternehmern und Partei- sowie Regierungsbürokratie geführt, im Gegenteil, das Geflecht der Beziehungen scheint noch dichter geworden zu sein. Aus gutem Grund also hat die Parteiführung unlängst die Genossen aufgerufen, den Versuchungen von Geld und Macht zu widerstehen. Pragmatisches Lernen aus den Fehlern des Kommunismus, aber auch aus denen des Kapitalismus, scheint heute das Bestreben der chinesischen Führungsspitze zu sein. Erziehung durch rückblickendes Lernen – typisch für China nicht erst heute. Man schaut in den „Rückspiegel“, um aus eigenen Fehlern zu lernen und die der anderen zu vermeiden. Die anderen – das sind der Westen und sein Kapitalismus.

Diese Rückschau führte dazu, daß man den Parteikadern in einigen Provinzen den Hollywood-Film „Titanic“ als Lehr- und Schulungsspektakel vorführte, aus dem jeder Kommunist etwas lernen könne.

Was sollen wir daraus lernen, fragten sich die meisten Funktionäre. Wie man durch Intelligenz, Fleiß und insbesondere durch Beziehungen reicher wird, haben Chinas Kommunisten mittlerweile gelernt. Sieht man im Schicksal der „Titanic“ ein Gleichnis, das Symbolhafte für den rücksichtslosen und „gehirnlosen“ Kapitalismus? Genau das ist es: Aus dem Film soll die Lehre gezogen werden, daß man den Eisbergen ausweichen muß, an denen der Weltkapitalismus zerbrechen könnte. Es geht um vorsichtigeres Manövrieren in den eiskalten Gewässern des westlichen Kapitalismus. Reicher werden ja, dabei aber umsichtig bleiben, nicht leichtsinnig sein.

Beijings Kurs, den „Eisbergen“ auszuweichen – wird er sich einhalten lassen? Wer China kennt und die Chinesen versteht, wird das nicht nur für möglich, sondern für wahrscheinlich halten.

Abbildungsnachweis

Abb. 17: Ulrich Baumgarten, vario-press Bonn
Abb. 18: Robyn Beck, dpa
Alle anderen Abbildungen: Birgit Zinzius, München

Länderkunde Asien

Klemens Ludwig
Birma
1997. 191 Seiten mit 16 Abbildungen und 2 Karten. Paperback
Beck'sche Reihe Band 870 (Reihe „Länder")

Oskar Weggel
China
5., völlig neu bearbeitete Auflage. 2002. 265 Seiten mit
30 Abbildungen und 4 Karten. Paperback
Beck'sche Reihe Band 807 (Reihe „Länder")

Kerrin Gräfin von Schwerin
Indien
2., überarbeitete Auflage. 1996. 203 Seiten mit 9 Abbildungen
und 4 Karten. Paperback
Beck'sche Reihe Band 807 (Reihe „Länder")

Oskar Weggel
Indochina
Vietnam, Kambodscha, Laos
2., überarbeitete Auflage. 1990. 224 Seiten mit 8 Abbildungen
und 4 Karten. Paperback
Beck'sche Reihe Band 809 (Reihe „Länder")

Manfred Pohl
Japan
4., völlig neu bearbeitete und ergänzte Auflage. 2002. Etwa 300 Seiten
mit etwa 25 Abbildungen. Paperback
Beck'sche Reihe Band 836 (Reihe „Länder")

Rolf Donner
Thailand
1996. 144 Seiten mit 8 Abbildungen und 1 Karte. Paperback
Beck'sche Reihe Band 862 (Reihe „Länder")

Verlag C.H.Beck München